Historia de Austria

Una guía fascinante de la historia de Austria

© Copyright 2021

Todos los derechos reservados. Ninguna parte de este libro puede ser reproducida de ninguna forma sin el permiso escrito del autor. Los revisores pueden citar breves pasajes en las reseñas.

Descargo de responsabilidad: Ninguna parte de esta publicación puede ser reproducida o transmitida de ninguna forma o por ningún medio, mecánico o electrónico, incluyendo fotocopias o grabaciones, o por ningún sistema de almacenamiento y recuperación de información, o transmitida por correo electrónico sin permiso escrito del editor.

Si bien se ha hecho todo lo posible por verificar la información proporcionada en esta publicación, ni el autor ni el editor asumen responsabilidad alguna por los errores, omisiones o interpretaciones contrarias al tema aquí tratado.

Este libro es solo para fines de entretenimiento. Las opiniones expresadas son únicamente las del autor y no deben tomarse como instrucciones u órdenes de expertos. El lector es responsable de sus propias acciones.

La adhesión a todas las leyes y regulaciones aplicables, incluyendo las leyes internacionales, federales, estatales y locales que rigen la concesión de licencias profesionales, las prácticas comerciales, la publicidad y todos los demás aspectos de la realización de negocios en los EE. UU., Canadá, Reino Unido o cualquier otra jurisdicción es responsabilidad exclusiva del comprador o del lector.

Ni el autor ni el editor asumen responsabilidad alguna en nombre del comprador o lector de estos materiales. Cualquier desaire percibido de cualquier individuo u organización es puramente involuntario.

Tabla de contenido

INTRODUCCIÓN 1
CAPÍTULO 1: LA MARCA ORIENTAL 5
CAPÍTULO 2: LOS HABSBURGO ENTRAN EN ESCENA 16
CAPÍTULO 3: A.E.I.O.U. 26
CAPÍTULO 4: BASTIÓN DE LA CRISTIANDAD 38
CAPÍTULO 5: LA MONARQUÍA DE LOS HABSBURGO 48
CAPÍTULO 6: LA AUSTRIA ILUSTRADA 57
CAPÍTULO 7: LA AUSTRIA REVOLUCIONARIA Y LA MONARQUÍA DUAL 72
CAPÍTULO 8: LA PRIMERA GUERRA MUNDIAL 93
CAPÍTULO 9: LA SEGUNDA GUERRA MUNDIAL 109
CAPÍTULO 10: LA AUSTRIA MODERNA 127
CONCLUSIÓN 135
VEA MÁS LIBROS ESCRITOS POR CAPTIVATING HISTORY ...138
REFERENCIAS 139

Introducción

La historia pesa mucho en Austria. Es una tierra en la que cualquier rasguño hecho en la superficie de la tierra puede excavar un trozo del pasado. Desde las ruinas romanas, pasando por la dinastía de los Habsburgo, hasta las víctimas más recientes del régimen nazi, Austria es un maravilloso campo de juego para los estudiosos deseosos de saber más. El pasado de Austria es mucho más grande que el pequeño territorio que ocupa hoy en día, y se extiende por encima de las fronteras actuales a los reinos de todos sus vecinos. A los austríacos modernos les resulta a menudo difícil aceptar su historia, porque está llena de opresión, guerra, maltrato de diversas etnias y atrocidades de guerra. Pero, al igual que Austria tiene la culpa de su pasado, también es su víctima. Desde sus primeros años de historia, el territorio fue un lugar de luchas. Su posición geográfica en Europa Central significa que el destino de Austria era ser un punto de conflicto, si no militarmente, sí ideológicamente.

Durante la época de las migraciones, muchas tribus pasaron por Europa Central y muchas de ellas lucharon entre sí por el derecho a asentarse en el fértil valle del Danubio. En la época romana, los territorios austríacos constituían una región fronteriza, más conocida como el limes europeo. Se erigió un sistema defensivo de fortalezas para proteger al Imperio romano de las tribus germanas del norte.

Pero cuando la tribu franca del este alcanzó la fama e inició su dinastía carolingia, el territorio de lo que hoy es Austria se convirtió en la Marca oriental. La llegada de los magiares supuso un nuevo conflicto y, bajo su presión, la Marca oriental se derrumbó.

Con el auge del Sacro Imperio Romano Germánico, Austria pudo por fin tomarse un respiro de la guerra. Pero comenzó otro conflicto, esta vez ideológico. La Iglesia católica, columna vertebral del Sacro Imperio Romano Germánico, se convirtió en una institución corrupta que acaparaba dinero y en la que reinaba el nepotismo. Muchos se levantaron contra esos ideales y empezaron a predicar el cristianismo antiguo, más humilde y conservador. La guerra ideológica, conocida como la Reforma y la Contrarreforma, se produjo entre los protestantes y los católicos. Sin embargo, la historia demostró que muchos conflictos ideológicos van seguidos de violencia, opresión y exterminio. La Reforma no fue una excepción. Los gobernantes de los Habsburgo se enfrentaron a los luteranos y calvinistas en sus territorios. La Reforma también desencadenó un conflicto aún mayor, conocido como la guerra de los Treinta Años, uno de los conflictos militares más sangrientos de Europa, con más de siete millones de muertos. Pero la guerra no fue únicamente religiosa, ya que preparó el terreno para una eterna batalla por la supremacía europea entre los Habsburgo de Austria y los Borbones de Francia.

La Ilustración fue un periodo de la historia europea que prometía un nuevo tipo de gobierno, una monarquía constitucional. Para Austria, solo significó más problemas, ya que ninguno de los gobernantes de la Ilustración fue capaz de comprender la importancia de una constitución. Anclados en sus viejas costumbres e impulsados por su lema "A.E.I.O.U.", así como por su derecho divino a gobernar, los Habsburgo fueron incapaces de ver cómo el mundo exigía ahora un cambio. Pero incluso cuando uno de ellos se mostró dispuesto a introducir cambios, le resultó una tarea imposible. Bajo el paraguas de los Habsburgo vivían tantas etnias, cada una de las cuales exigía su propio conjunto de derechos y autodeterminación. Los Habsburgo se enfrentaban a la posibilidad de la dispersión de su imperio. Desesperados por preservar la integridad de Austria y, más tarde, de Austria-Hungría, los monarcas de la dinastía de los Habsburgo se entregaron a más conflictos.

Finalmente, la Austria multiétnica estalló en la Primera Guerra Mundial con el asesinato del archiduque Francisco Fernando. Pero el asesinato en sí solo fue una excusa para iniciar la guerra, que, como esperaba el emperador de los Habsburgo, devolvería a la dinastía su antigua gloria, permitiendo a Austria ocupar su antiguo lugar como gran potencia europea. Pero eso no se produjo. En cambio, Austria y sus aliados fueron derrotados y sumidos en la pobreza económica, la humillación y la desesperación. Los Habsburgo ya no existían y los austríacos que quedaban luchaban por encontrar su propia identidad entre las numerosas naciones de Europa Central. Durante mucho tiempo habían formado parte de algo grande, y les costaba conformarse con el pequeño territorio que habían heredado del otrora vasto Imperio de los Habsburgo. En lugar de ello, Austria optó por entregarse a su identidad alemana. Desgraciadamente, esto también significaba aceptar el nazismo que estaba en auge, que incluía su antisemitismo y la ideología de la gran raza aria.

La Segunda Guerra Mundial encontró a Austria como participante voluntaria como parte de Alemania. La historia de Austria ya no era austriaca. Solo con la derrota total del régimen nazi, Austria tuvo una nueva oportunidad de separarse y convertirse en un Estado nacional independiente. Los austríacos tuvieron por fin la oportunidad de construir su propia identidad nacional. Por fin se dieron cuenta de que esta identidad no tenía que ser de una etnia, sino de la herencia de los Habsburgo. Con esta toma de conciencia y una política financiera inteligente, Austria se convirtió rápidamente en uno de los países más ricos y prósperos de Europa.

En los tiempos modernos, Austria se resiente de los conflictos y se esfuerza por mantener su neutralidad militar. Como tal, es el guardián de la paz de Europa, un país que acoge a varios inmigrantes que huyen de las guerras o buscan una vida mejor. Austria sigue siendo una mezcla multiétnica que se elevó por encima de los pequeños conflictos y se convirtió en una sociedad verdaderamente cosmopolita.

Capítulo 1: La Marca oriental

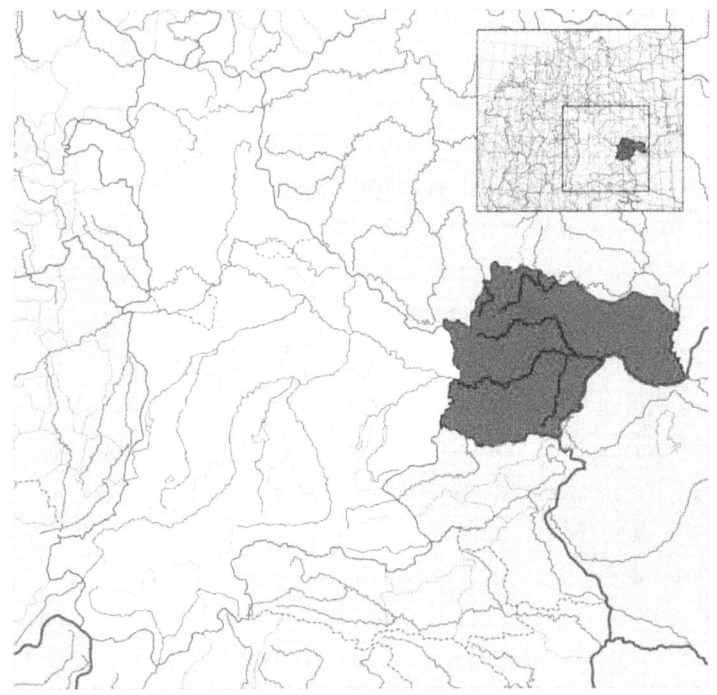

Margraviato de Austria hacia el año 1000
*https://en.wikipedia.org/wiki/Margraviate_of_Austria#/media/File:Aus
tria_locator_map_(1000).svg*

Historia temprana

La primera evidencia escrita de Austria data del año 996 d. C., cuando se menciona como "la Tierra del Este" o, en alemán local, *Ostarrichi*. Esta zona era la marca oriental del ducado de Baviera; por tanto, formaba parte del reino de Alemania. Austria comenzó su historia como un distrito militar en la frontera sureste de Alemania. Sin embargo, la actividad humana en esta zona comenzó miles de años antes de su primera mención en los textos escritos.

La zona es montañosa, por lo que había muy pocos asentamientos. Debido a su posición geográfica y a que es inaccesible, el territorio austríaco conoció la cultura de la Edad de Hierro conocida como Hallstatt muy tarde, aproximadamente en el año 800 a. C. Los ilirios fueron los primeros pobladores de esta región, y vivieron allí hasta el 400 a. C. La migración celta desplazó a los ilirios, y las tribus de Norici y Taurisci ocuparon entonces la región. Alrededor del año 500 a. C. se formó una confederación de tribus alpinas, conocida como el pueblo rético, que siguió dominando las montañas de Vorarlberg y el Tirol incluso durante el año 200 a. C., cuando los celtas fundaron el reino de Noricum en el este. A finales de siglo, Noricum fue presionada desde el norte por las tribus germánicas. En el año 15 a. C., ya formaba parte del Imperio romano.

El dominio romano de la región que hoy es Austria duró más de quinientos años. Los romanos utilizaron Noricum como base, desde donde se lanzaron a la ocupación de Panonia al este. Intentaron conquistar las tribus germánicas al norte de Noricum, pero no tuvieron tanta suerte. En el año 9 a. C., cuando los romanos sufrieron una catastrófica derrota en el bosque de Teutoburgo a manos de los queruscos, un pueblo germánico, se retiraron al sur del Danubio, convirtiendo a Noricum en la zona fronteriza imperial. Los asentamientos celtas que ya estaban establecidos en Noricum se convirtieron en ciudades romanas: Lentia (la actual Linz), Brigantium (Bregenz), Juvavum (Salzburgo) y Vindobona (Viena). La capital de la Panonia Superior era Carnuntum, y en su apogeo, la ciudad tenía aproximadamente cincuenta mil habitantes. Hoy en día, los restos de esta ciudad se encuentran en la Baja Austria, pero en el año 50 a. C., Carnuntum era la principal fortaleza del limes europeo, la defensa fronteriza del Imperio romano. Los romanos construyeron una extensa red de carreteras para conectar la región con el resto del imperio e introdujeron la viticultura en lo que hoy es Austria. La civilización floreció durante el dominio romano.

El dominio romano sobre la región fue relativamente pacífico hasta el gobierno de Marco Aurelio (entre 161 y 180). Llegó a la región en el año 172 para defenderla de una invasión germánica. Tribus como los Marcomanos, Cuados y Naristes, al norte del Limes, amenazaban al Imperio romano. Esta fue la primera vez que Viena se hizo famosa, ya que el historiador romano Aurelio Víctor afirmó que Marco Aurelio murió allí. Pero la antigua Vindobona no era más que una parte de la provincia romana de Panonia, en la que murió el emperador, sino que su muerte se produjo en realidad en otra ciudad romana, Sirmium. El conflicto con las tribus germánicas continuó incluso después de la muerte de Aurelio.

Cuando los hunos llegaron a Europa alrededor del año 370, los romanos permitieron que algunas de las tribus germánicas se asentaran en Panonia, al otro lado del Limes. Las tribus que huían incluso aceptaron entrar en el ejército romano y defender la región. En el año 433, los romanos habían evacuado Panonia, ya que no podían defenderse de Atila el Huno y sus ejércitos. Pero cuando Atila murió en 453, toda la región fue ocupada por los godos. Noricum fue ocupada por la tribu germánica de los Rugios, que ordenó la salida de la población cristianizada y romanizada. La región de Recia, situada al oeste de Noricum, fue tomada por la confederación de tribus germánicas Alamanes. En el año 493, el dominio romano de la actual Austria había terminado. Los Alpes Orientales formaban parte del Imperio ostrogodo de Teodorico el Grande.

Pero la migración de las tribus del norte y del oeste no había terminado. Su objetivo era el valle del río Danubio, y los lombardos aparecieron en la región hacia el año 500. Venían del norte y del este, pero en el 567 habían sido expulsados por los ávaros y los eslavos. Los lombardos se asentaron entonces en el norte de Italia. Otra tribu germánica, los bávaros (*Bajuwaren*), llegó desde el norte y el oeste. Eran los vasallos de los francos, que también habían entrado en la región. Comenzó la contienda entre los ávaros y los eslavos, por un lado, y los bávaros, por otro. Lucharon por el control de la región que un día se convertiría en Austria.

Los ávaros eran la tribu predominante y, a principios del siglo VII, controlaban una vasta zona desde la costa del Báltico hasta la península de los Balcanes. En ese momento, los eslavos eran vasallos de los ávaros y se empleaban para disputar a los bávaros los Alpes Orientales. Pero los eslavos se volvieron en contra de los ávaros cuando estos intentaron y fracasaron en la toma de Constantinopla en el año 626. Los eslavos del norte tomaron como gobernante a un rey franco, Samo, mientras que los eslavos que habitaban la región de los Alpes conocida como los carantanos tomaron a un rey bávaro, Odilo. Los ávaros acabaron conquistando el reino de Samo, pero los carantanos permanecieron bajo el dominio bávaro. Los bávaros arrebataron a eslavos y ávaros toda la región del valle del Danubio. En la segunda mitad del siglo VII, los eslavos comenzaron a retirarse bajo la presión de los bávaros y acabaron detrás del río Enns.

Los bávaros se convirtieron en la potencia dominante de la región y, durante el siglo VII, fueron abandonados a su suerte, aunque oficialmente eran vasallos francos. Siguieron avanzando hacia el este y el sur, y finalmente se hicieron con el control de Carantania. Pero en el siglo VIII, los reyes francos se acordaron de los bávaros y reafirmaron su dominio sobre sus vasallos. Carlomagno dirigió su ejército franco, al que se unieron los bávaros, contra los ávaros en el año 791. Consiguieron hacer retroceder a los ávaros hasta los ríos Fischa y Leitha, afluentes del Danubio. Esto abrió gran parte de la región a la colonización. Desde el Danubio hasta el mar Adriático, los francos establecieron un sistema de marchas, creando una zona de amortiguación. La zona seguía sufriendo diversos ataques, ya fueran rivalidades internas o intentos de invasión por parte de los búlgaros y el Gran Imperio Moravo. Pero lo peor llegó en el siglo IX con la embestida de los magiares, también conocidos como húngaros.

Los magiares empezaron a aparecer en la región en el año 862, ya que huían de las estepas de Europa del Este, invadidas por tribus más poderosas. En 896, los magiares llegaron en mayor masa y se asentaron en lo que se conocería como la Llanura Húngara. Aunque los húngaros comenzaron a servir como mercenarios en el ejército franco, empezaron a luchar entre ellos. El ejército húngaro, basado en los caballos, fue superior en los primeros años del conflicto y no tuvo problemas para asaltar las tierras que les rodeaban. Derrotaron a los moravos en 906 y, en 907, destruyeron el ejército bávaro en Presburgo. Las marchas fundadas por la dinastía carolingia se derrumbaron bajo la presión húngara, y la frontera bávara se trasladó de nuevo al río Enns. Los húngaros aterrorizaron la región durante los siguientes cincuenta años, pero en 955, el rey Otón I y la confederación alemana derrotaron a los húngaros, a los que se unieron los rebeldes bávaros.

La victoria de Otón le proporcionó prestigio y poder, que utilizó para proclamarse emperador del Sacro Imperio Romano Germánico en el año 962. Uno de sus primeros actos como emperador fue recuperar las tierras al este del Enns, y una vez que lo hizo, fundó una nueva marca con la sociedad prehúngara que aún vivía en la región. En el año 976, la marca fue encabezada por Leopoldo I, que se convirtió en el primer margrave de la dinastía Babenberg. Pero los bávaros no se dieron por satisfechos y siguieron ampliando la frontera de la marca hacia el este, a lo largo del Danubio, y en 1002 llegaron a los alrededores de la actual Viena. Antes, en el año 976, Carantania se convirtió en un ducado independiente, y pasó a llamarse Carintia. Allí también se establecieron marcas, así como en Carniola y Estiria.

Cuando en el año 996 se menciona la región de *Ostarrichi* con su nombre, ese no fue el inicio definitivo de la historia de Austria. La región ya tenía un patrimonio muy complejo, con varias tribus y pueblos que habitaban la zona. Ninguno de los grupos que vivían anteriormente en lo que es la actual Austria desapareció realmente, y todos ellos dejaron su marca distintiva en el territorio. Los bávaros eran los más numerosos y constituían el grueso de la sociedad austriaca. Pero los alemanes resultaron ser los más numerosos en las regiones occidentales, hacia el lago de Constanza. Todas las deportaciones, evacuaciones y matanzas que se produjeron en la región fueron incompletas. Así, la demografía austriaca moderna refleja su historia, con muchas huellas germánicas, eslavas, húngaras, celtas e incluso romanas que aún perduran en su composición social.

Los Babenberg

Hungría se convirtió al cristianismo en el año 1000, durante el reinado de Esteban I. Los bávaros seguían presionando su frontera oriental, pero ahora tenían un enemigo cristiano al que enfrentarse, lo que puso nuevos límites a sus acciones. Aunque el conflicto germano-húngaro no terminó en ese momento, la zona del Danubio se volvió relativamente estable. Esta estabilidad permitió el desarrollo de los bloques de poder regionales. Uno de ellos era el bloque austríaco bajo el liderazgo de los Babenberg. Al norte y al este, Austria se encontraba con los reinos no germánicos pero cristianos de Bohemia, Hungría y Polonia. El margrave de Austria parecía un actor político insignificante en comparación con estos grandes reinos. Al fin y al cabo, era un subordinado del duque de Baviera, al menos hasta 1156.

Los primeros margraves de Babenberg solo controlaban una pequeña parte de lo que hoy es Austria. Salzburgo formaba parte de Baviera y se estaba convirtiendo en un territorio clerical con su arzobispo. En el Tirol se mantuvieron pequeños señoríos hasta el siglo XII, cuando sus condes se hicieron con el control de toda la zona. Vorarlberg siguió siendo una región feudal bajo la influencia de los alemanes. Carintia y Estiria, al sur y suroeste, se desarrollaban de forma independiente. En el año 976, Carintia se convirtió en un ducado, y siguió siendo una potencia en decadencia durante toda su existencia. A menudo se vio desgarrada por conflictos internos, y tras la ruptura de la Marca oriental, Carintia perdió gran parte de su territorio. Algunas de las regiones perdidas fueron Carniola, Istria, Verona y Fruili. Estiria estuvo inicialmente poblada en su mayoría por eslavos, pero pronto quedaría bajo el control de la familia Traungauer. Gobernaban desde su fortaleza en Steyr, que dio el nombre a toda la región, Estiria.

La segunda familia que se alzó con el poder en la zona fue Otakar, y en 1180, Ottokar IV obtuvo el estatus de duque, con lo que Estiria dejó de estar subordinada a Baviera. Pero la independencia no duró mucho. Ottokar no consiguió tener un heredero, y en 1186 se firmó el Pacto de Georgenberg. Con él, Ottokar IV, gravemente enfermo, aceptó dejar Estiria en manos del duque Leopoldo V de Austria y su hijo Federico, ambos de la dinastía Babenberg. Los Babenberg se hicieron con el control de Estiria en 1192 tras la muerte de Ottokar IV.

La marca de los Babenberg era solo una de las muchas que había en la región. E incluso dentro de ella, la dinastía no tenía el control total. Gran parte del territorio estaba controlado por autoridades clericales, como las archidiócesis de Salzburgo y Passau. El resto del territorio estaba bajo el sistema feudal; por tanto, estaba controlado por familias nobles. Los Babenberg solo tenían su propio territorio feudal bajo su pleno control. Sin embargo, empezaron a aumentar sus posesiones directas a través de matrimonios, herencias, y por medio de la pérdida y la compra. Sin embargo, otras familias nobles seguían siendo poderosas, y toda la región austriaca estaba sometida a una constante lucha de poder. Los Babenberg trataron de pacificar la región mediante acuerdos con otras familias o conflictos militares. Introdujeron a los *ministeriales*, los individuos levantados de la servidumbre y puestos en posiciones de poder. Uno de ellos fue la familia Kuenring. Eran siervos de los Babenberg, pero se les asignaban grandes responsabilidades administrativas y militares porque demostraban su lealtad a la familia. Con el tiempo, los *ministeriales* se convirtieron en una nueva nobleza, y siguieron al servicio de los Babenberg. Eran una fuente potencial de poder que se podía utilizar contra el poder ducal de otras familias nobles. Pero los Babenberg no podían deshacerse simplemente de sus familias nobles rivales. Tenían una dependencia mutua y debían trabajar juntos para defender su marcha contra sus poderosos vecinos. Sin embargo, en el siglo XIII, los Babenberg consiguieron aumentar su poder. Consiguieron el control tanto de Austria como de Estiria gracias a sus habilidades empresariales y diplomáticas. También consiguieron aliarse con la familia gobernante del Sacro Imperio Romano Germánico, la dinastía Hohenstaufen, mediante el matrimonio.

Los duques de Babenberg eran arriesgados, y tenían que serlo. El éxito de las dinastías medievales era una lotería a la que solo podían jugar los más valientes. Los planes mejor trazados podían verse fácilmente frustrados por una muerte repentina en batalla o por una enfermedad. La imprevisibilidad también aumentaba por las constantes batallas imperiales contra el poder papal. Esta crisis comenzó en 1076 con la Controversia de las Investiduras. La Iglesia y el Estado se enfrentaron por la capacidad de nombrar obispos y abades. El resultado fue una guerra de cincuenta años en Alemania. Durante este conflicto, los Babenberg cambiaron a menudo de bando o incluso sirvieron a ambos a la vez, según lo que les beneficiara. Dos de los margraves de Babenberg resultaron ser actores excepcionales en el conflicto imperial-papal. Leopoldo III (1073- 1136) se convirtió en margrave después de que su padre, Leopoldo II, fuera depuesto temporalmente por el emperador del Sacro Imperio Enrique IV debido a su oposición al poder imperial. Apoyó la rebelión de Enrique V, hijo de Enrique IV, y por sus logros fue declarado santo. Pero también era muy querido por el emperador, y se ganó la mano de la hermana de Enrique V, Inés de Waiblingen. Este matrimonio aumentó en gran medida el prestigio de los Babenberg, pero también supuso una tensión en la participación de la familia en el conflicto.

Tras el matrimonio, Leopoldo III tuvo que distanciarse de la política imperial, pero siguió trabajando en la pacificación de la nobleza austriaca.

Leopoldo VI (1176- 1230) siguió un patrón político similar al de su antecesor, Leopoldo III. Apoyó a sus parientes, los Hohenstaufen gobernantes, pero también siguió siendo un mecenas de la iglesia y fundó varios monasterios en toda Austria. Además, se unió a las cruzadas en Oriente Medio y Europa Occidental (contra los musulmanes en España). También casó a su hija con el hijo del emperador Federico II, Enrique VII. En 1230, antes de su muerte, Leopoldo VI medió para solucionar el conflicto imperial-papal. Austria ya era entonces un ducado, y Leopoldo VI aumentó su control sobre ella comprando varias ciudades, como Linz, Freistadt y Wels.

Otros Babenberg no consiguieron tanto, aunque sí Enrique II, el primer duque austríaco. El 17 de septiembre de 1156, el emperador del Sacro Imperio Romano Germánico Federico Barbarroja (Federico I) promulgó el *Privilegium Minus*, una escritura que elevaba la marca de Austria al rango de ducado. Austria también se convirtió en un territorio hereditario, perteneciente a la Casa de Babenberg. Sin embargo, Enrique II recibió esta escritura solo como premio de consolación, ya que tuvo que renunciar al ducado de Baviera, que había quedado bajo el control de Babenberg en 1139, cuando Leopoldo IV lo recibió del rey Conrado III de Alemania.

El sucesor de Enrique II, Leopoldo V, fue quizás el que más riesgos asumió de la familia Babenberg. Fue él quien negoció el Pacto de Georgenberg con los austriacos. También encarceló a Ricardo I de Inglaterra, lo que provocó su excomunión porque iba en contra de las leyes papales encarcelar a un cruzado. Sin embargo, Leopoldo V estaba dispuesto a arriesgar su alma a cambio del dinero del rescate que recibió de Inglaterra. Utilizó este dinero para conectar Viena con Estiria por medio de carreteras, construyó murallas alrededor de algunas ciudades y emitió nuevas monedas en Austria. El encarcelamiento de Ricardo I fue el resultado de una disputa que ambos mantuvieron durante el Sitio de Acre en 1189. Tanto Ricardo I como Leopoldo V estaban allí, pero mientras Ricardo era rey, Leopoldo solo era duque. Cuando tomaron la ciudad de Acre, el primo de Leopoldo izó las banderas del ducado de Austria y del reino de Inglaterra una al lado de la otra. Esto enfureció a Ricardo, que consideraba a Leopoldo menos digno, y bajó la bandera austriaca. Leopoldo, a su vez, se quejó ante el emperador del Sacro Imperio Enrique VI. Enrique ya sospechaba que Ricardo había asesinado al nuevo rey de Jerusalén, el primo de Leopoldo, el marqués Conrado de Montferrato. Así, el emperador permitió a Leopoldo encarcelar a Ricardo.

Viena comenzó como un campamento militar romano, pero su posición en el Danubio le permitió convertirse en un centro comercial. Las ventajas comerciales de la ciudad aumentaron aún más cuando los Babenberg trasladaron su residencia a Viena en 1150. Leopoldo V gastó la mitad del dinero que obtuvo por el rescate de Ricardo I en la construcción de Viena y en la mejora de sus infraestructuras y murallas. Pero fue Leopoldo VI quien convirtió a Viena en un verdadero centro urbano del ducado de Austria. En 1221, concedió el derecho de emporio a los comerciantes de la ciudad. El derecho de emporio era un privilegio medieval concedido solo a algunos puertos, por el que los barcos mercantes debían descargar sus mercancías e intentar venderlas en ese puerto durante varios días. Esto daba a los comerciantes de Viena el control de la ruta comercial del Danubio. Gracias a la adquisición de Estiria, la importancia de Viena creció al establecerse el contacto con Venecia. Erzberg, una de las mayores minas de hierro de Europa, aportó importantes ingresos a Viena, ayudándola a convertirse en un centro urbano comercial. La prosperidad obtenida por Viena se reflejó en la fastuosa reconstrucción de la ciudad. En 1147 se inició la construcción de la catedral de San Esteban, pero su reconstrucción en 1230 es la que le dio el aspecto que aún conserva. El rápido desarrollo de la ciudad también atrajo a muchos artistas, especialmente escritores y músicos.

La buena fortuna de los Babenberg en Austria no duró mucho. Cuando Leopoldo VI murió en 1230, le sucedió su hijo Federico II (r. 1230- 1246), que no tenía las habilidades diplomáticas de su padre. Se mostró incapaz de administrar el ducado, sus instituciones, la iglesia y la nueva clase social noble *ministerial*. Tampoco tuvo éxito en las negociaciones con sus vecinos y con el emperador del Sacro Imperio Romano Germánico Federico II (r. 1220- 1250). En los primeros años del ducado de Federico se produjeron rebeliones de nobles, que llevaron al emperador del Sacro Imperio Romano Germánico a proscribir al duque Fernando II. Pero una vez que el emperador se distrajo con los acontecimientos en Italia, Federico volvió a recuperar el control sobre Austria. Tuvo suerte, pues el renovado conflicto imperial-papal ocupaba la mente del emperador, que a menudo recurría a la ayuda de Federico. La invasión mongola de Europa Oriental en 1240 confirmó que Austria necesitaba un gobernante estable.

Una vez que el duque confirmó su control sobre Austria, comenzó a administrar su territorio. Dividió Austria en dos unidades administrativas: Austria por encima del Enns (Alta Austria) y Austria por debajo del Enns (Baja Austria). En 1244, concedió una patente de protección para los judíos en Austria, con la intención de regular los servicios financieros ofrecidos por los judíos. Todo parecía que la segunda mitad del gobierno de Federico sería mucho mejor, pero en 1246, el duque murió en la batalla del río Leitha, librada contra los húngaros. Federico no dejó ningún heredero varón, y el *Privilegium minus* no estaba claro si permitía la sucesión por línea femenina. Lo que siguió fue una década de guerras antes de que se pudiera detener la crisis y la nueva línea pudiera tomar el lugar de la dinastía Babenberg.

Capítulo 2: Los Habsburgo entran en escena

Escudo de los Habsburgo
https://en.wikipedia.org/wiki/House_of_Habsburg#/media/File:Arms_of_Counts_of_Habsbourg.svg

La batalla de Marchfeld fue decisiva para la historia de Austria. Ocurrió el 26 de agosto de 1278, en el norte de la cuenca de Viena. Allí, Rodolfo I de Habsburgo (1218- 1291), rey de Alemania, derrotó a los ejércitos de Ottokar II (1233- 1278), rey de Bohemia. Con esta victoria, la casa alemana de los Habsburgo se convirtió en la dinastía gobernante de Austria. A partir de este momento y hasta 1918, la historia de Austria estará estrechamente ligada al destino de esta dinastía. Los Habsburgo elevarían su posición y se convertirían en los gobernantes imperiales del Sacro Imperio Romano Germánico, pero pretendían gobernar el mundo entero. Austria era solo un pequeño elemento, un punto de partida para una dinastía que se impulsaría en el mundo gobernante de Europa. La entrada de los Habsburgo, originarios de Suiza, en la escena política cambió para siempre lo que significaba y sigue significando ser austríaco.

La batalla de Marchfeld supuso el fin de la dinastía Babenberg. La crisis de sucesión tras la muerte de Federico II duró tres décadas. Algunos nobles se agruparon e invitaron a Ottokar, rey de Bohemia, a asumir el gobierno de Austria en 1251. Pero no lo hicieron por capricho. Ottokar estaba casado con una de las herederas de la dinastía Babenberg, y parecía que sería un gobernante legítimo. Ottokar llegó a Austria, sometió a los nobles que se le resistían y estableció un gobierno efectivo sobre Austria, Estiria, Carintia, Carniola, Friuli y Aquilea. Pero durante este proceso, Ottokar se divorció de su esposa Babenberg para poder formar una alianza con Hungría a través del matrimonio. Tenía aspiraciones mucho mayores que gobernar Austria. Con su propio reino de Bohemia al norte y mediante nuevas conquistas, Ottokar estuvo a punto de establecer un imperio que se extendía desde el Báltico hasta el Adriático. Pero solo pudo hacerlo porque el Sacro Imperio Romano Germánico se sumió en el caos tras la muerte del emperador Federico II. Ottokar era uno de los candidatos al trono imperial, pero los príncipes electores alemanes votaron por Rodolfo de Habsburgo, que se convirtió en emperador en 1273.

Rodolfo fue el primer rey de Alemania tras el largo interregno que siguió a la muerte del emperador del Sacro Imperio Federico II. Los reyes de Alemania recibían un título especial, "rey de los romanos", ya que su poder era igual al del emperador del Sacro Imperio. Sin embargo, este último título solo podía ser concedido por el papa, ya que solo él podía otorgar el poder imperial a un gobernante.

Con la elección de Rodolfo en 1273, los Habsburgo se convirtieron en los reyes de Alemania; también fueron conocidos como condes-rey, término acuñado por los historiadores para diferenciar a los gobernantes que reinaron hasta 1438, que fue cuando la dinastía de los Habsburgo obtuvo finalmente el título imperial. Como rey de los romanos, Rodolfo se esforzó por devolver los derechos imperiales perdidos desde 1250. Su poder e influencia eran cada vez mayores, y Ottokar finalmente tuvo que someterse a él en 1276. Pero cuando Rodolfo puso Austria en manos de su propia familia, empezó a perder el apoyo de los nobles y del pueblo austríaco. A Ottokar le pareció que el rey de los Habsburgo estaba perdiendo su poder, y pensó que era el momento de atacar. La victoria de Rodolfo en Marchfeld en 1278 no hizo sino demostrar lo equivocado que estaba el rey de Bohemia. Los Habsburgo reclamaron Austria, Estiria y Carniola, y Rodolfo dividió estos territorios entre sus dos hijos, Alberto (Albrecht) I y Rodolfo II. Debido a un acuerdo mutuo en 1283, Alberto se convirtió en el único heredero de las tierras de los Habsburgo.

Rodolfo fue elegido rey solo por su relativa debilidad como conde de la Alta Alsacia y Argovia, en la actual Suiza. Los príncipes electores creían que podía ser controlado más fácilmente que el rey de Bohemia. Sin embargo, con la adquisición de Austria, el prestigio de los Habsburgo aumentó considerablemente. Rodolfo también amplió su control para incluir los accesos norteños al paso de San Gotardo en los Alpes, una de las rutas comerciales europeas medievales más importantes que conectaba el norte y el sur de Suiza. Con tanto poder, los Habsburgo se convirtieron en una verdadera amenaza para los príncipes alemanes. Pero no se atrevieron a destituir a Rodolfo de su posición de rey de los romanos. Tras su muerte, su hijo Alberto no consiguió ganar los votos de los príncipes electores, y su primo, Adolfo, conde de Nassau, se convirtió en el nuevo rey de los romanos. Pero Adolfo fue rápidamente depuesto del cargo debido a su política, que afectó a los planes de los príncipes electores.

Una vez más, Alberto entró en la carrera electoral, y esta vez, fue elegido como el siguiente rey en 1298. Pero gobernó durante muy poco tiempo, ya que murió en 1308. Fue asesinado por su sobrino, Juan "el Parricida", ya que Alberto le había privado de su herencia del trono de Bohemia. Una vez más, los príncipes electores eligieron a otra dinastía como sucesora del trono alemán; esta vez, fue Enrique VII de Luxemburgo. Pero, de nuevo, esto resultó ser un error de juicio por parte de los príncipes electores, ya que las ambiciones imperiales de Enrique eran grandes.

Los hijos de Alberto, Federico el Hermoso y Leopoldo, se mostraron como buenos candidatos para sustituir a Enrique. Sin embargo, los hermanos Habsburgo se pusieron del lado de Enrique, que demostró ser lo suficientemente poderoso como para tomar Bohemia para su hijo Juan y que planeó una coronación imperial en Roma para sí mismo. Enrique fue coronado como emperador del Sacro Imperio Romano Germánico el 29 de junio de 1312, pero no en Roma como había planeado. Sin embargo, su mandato como emperador fue breve, ya que murió en agosto de 1313.

Los Habsburgo intentaron recuperar el manto imperial, pero su derecho a gobernar Alemania fue impugnado por Luis IV, duque de Baviera. Los príncipes electores pensaban que Luis tenía más derecho que Federico el Hermoso, por lo que se desató el conflicto. Duró hasta 1325, cuando se firmó el Tratado de Múnich, y los Habsburgo obtuvieron el derecho a gobernar como gobernantes conjuntos. Tanto Luis como Federico eran reyes de Alemania, pero el Habsburgo era rey solo de nombre. No tenía realmente ningún poder ejecutivo. Federico murió en 1330, y sus hermanos menores se mostraron menos ambiciosos. Estaban dispuestos a cambiar las ambiciones imperiales de los Habsburgo por ganancias más locales.

La lucha por el poder imperial en Alemania debilitó a los Habsburgo y socavó sus intereses en su base de poder en Suiza. En 1291 se formó la Liga Eterna para hacer frente a las pretensiones de los Habsburgo. Esta liga fue el núcleo de la futura Confederación Suiza. Los nobles suizos pensaban que los Habsburgo eran un peligro para ellos porque reconocían los derechos feudales. La sociedad suiza nunca siguió las normas feudales y se resistió a someterse a ellas. En 1313, las fuerzas de la Liga Eterna asaltaron la abadía de Einsiedeln, y derrotaron al ejército de Leopoldo de Habsburgo en 1315. Este fue un punto de inflexión no solo para la historia de Suiza, sino también para la dinastía de los Habsburgo. El poder de la liga creció, y en 1315 se convirtió en una confederación. En el siglo XV, los Habsburgo fueron excluidos y expulsados de su sede en Suiza, y la Confederación asumió el gobierno.

Fue durante el reinado de Federico el Hermoso cuando los Habsburgo comenzaron a denominarse "de Austria", o *dominum Austriae*, los gobernantes de Austria. Los sucesores de Federico se concentraron entonces en su base de poder en Austria a expensas de sus intereses suizos e imperiales. Sus hermanos, Alberto II y Otón, hicieron un trato con el emperador del Sacro Imperio Luis IV. Renunciaron a sus derechos de dominio a cambio de la adquisición de Carintia y Carniola en 1336. Cuando su hermano murió en 1339, Alberto se convirtió en el único gobernante de Austria, Estiria, Carniola y Carintia. Evitó inmiscuirse en cuestiones imperiales, concentrándose en cambio en la consolidación de su poder en las tierras que gobernaba. Pero ignoró el problema suizo, y durante su gobierno, Zúrich y Lucerna se perdieron para la Confederación Suiza. No obstante, Alberto II llevó a cabo una fuerte política fiscal, lo que le permitió responder al desastre de la peste negra, que sobrevino en 1348.

El sucesor de Alberto fue su hijo mayor, Rodolfo IV (r. 1358-1365). Rodolfo continuó la política de su padre de fortalecer Austria y reformó la administración y la fiscalidad de sus tierras. También fundó la Universidad de Viena en 1365 y reconstruyó la nave de la Catedral de San Esteban. Por ello, fue nombrado "el fundador", aunque sus aspiraciones estaban motivadas por la relativa debilidad de la dinastía de los Habsburgo. La Universidad de Viena se creó solo como respuesta a la fundación de la Universidad de Praga en 1348 por el emperador del Sacro Imperio Carlos IV de la Casa de Luxemburgo. Los luxemburgueses, una rica familia alemana, habían eclipsado a los Habsburgo, y Rodolfo no iba a permitirlo.

El duque Rodolfo IV se casó con la hija de Carlos IV en 1353, a pesar del resentimiento que sentía por el emperador. En 1356, cuando Carlos promulgó la Bula de Oro, que disminuía el papel de Austria y Baviera en el Sacro Imperio Romano Germánico, Rodolfo respondió con uno de los mayores fraudes cometidos en la Europa medieval. Encargó el *Privilegium maius*, un documento que, según él, había sido concedido a los duques de Babenberg por el emperador Federico Barbarroja. Rodolfo "encontró" este documento, que mejoraría enormemente el estatus de Austria, en 1359. El *Privilegium maius* supuestamente concedía a los duques austríacos el estatus de archiduques, reivindicaba la inseparabilidad del territorio austríaco, establecía las reglas de la herencia a los primogénitos y daba permiso al archiduque para exhibir símbolos de su gobierno. El emperador del Sacro Imperio Carlos IV rechazó algunos de los derechos que el *Privilegium maius* otorgaba supuestamente a Austria, y también se negó a confirmar la validez del documento. En realidad, fue un famoso poeta y erudito italiano llamado Francesco Petrarca (también escrito como Petrarca), consejero del rey, quien reconoció que el *Privilegium maius* era una falsificación. No obstante, para apaciguar a su yerno, Carlos aceptó las actas de herencia e inseparabilidad, pero prohibió a Rodolfo llamarse archiduque o mostrar sus insignias de gobernante. Un siglo más tarde, cuando Federico III se convirtió en emperador de los Habsburgo, proclamó que el *Privilegium maius* era un documento válido.

En 1363, Rodolfo se mostró mucho más cooperativo porque Carlos IV apoyó la adquisición del Tirol por parte de los Habsburgo. Al año siguiente, Carlos aprobó el tratado sucesorio entre los Habsburgo y los luxemburgueses, por el que ambas dinastías podían sucederse. Al mismo tiempo, Rodolfo planeaba crear una nueva alianza al otro lado de los Alpes mediante el matrimonio. Pero antes de que sus planes pudieran hacerse realidad, Rodolfo murió; solo tenía veinticinco años. Sus hermanos, Alberto III y Leopoldo III, le sucedieron y gobernaron conjuntamente, continuando el progreso que Austria había realizado bajo el mandato de Rodolfo. Consiguieron mantener el Tirol, e incluso ampliaron sus territorios a Istria y Gorizia. Unieron las posesiones austriacas con Suabia adquiriendo Friburgo de Brisgovia y algunos territorios de Vorarlberg. Pero no pudieron seguir gobernando juntos debido a las constantes disputas. En 1379 se dividieron las tierras de los Habsburgo. Alberto III se hizo con el corazón de la Alta y Baja Austria, mientras que Leopoldo se quedó con todo lo demás. Durante otro siglo, las tierras de los Habsburgo seguirían divididas.

Todas las tierras que gobernaban los Habsburgo se denominaban *Domus Austria*, la "Casa de Austria". Los territorios estaban bajo el mismo techo, aunque estuvieran divididos entre las diferentes ramas de la familia. El territorio de los Habsburgo volvió a dividirse en 1396, y durante el siglo XIV se hicieron algunos ajustes. Surgieron dos líneas: la leopoldiana y la albertiana. Pero los hermanos y primos siguieron peleando por los territorios que heredaban, dividiendo la Casa de Austria en tres partes: La Baja Austria (lo que hoy es la Baja y la Alta Austria), la Austria Interior (los territorios del Adriático, Carniola, Carintia y Estiria) y la Alta Austria (las posesiones de los Habsburgo en Suabia y Alsacia, así como el Tirol). Pero esta división no significaba un triunvirato de los Habsburgo. La situación era mucho más complicada. Toda la dinastía de finales del siglo XIV estaba envuelta en un drama interno, muy parecido a los culebrones de hoy en día. Los Habsburgo seguían dividiendo sus territorios, y los hermanos y primos solían intercambiar partes de sus tierras.

Un conflicto mucho más importante para la historia de Europa se produjo en la Casa imperial de Luxemburgo. El conflicto se produjo entre los hijos de Carlos IV: Wenceslao IV, rey de Bohemia, y Segismundo, rey de Hungría. Los Habsburgo jugaron un papel importante durante este conflicto, ya que Segismundo encarceló a Wenceslao y lo entregó a Viena para que lo mantuviera como prisionero Guillermo el Cortesano, duque de Austria, que era un jefe de la línea leopoldiana. Segismundo ocupó el trono de Alemania en 1411 y se convirtió en rey de Bohemia en 1419.

Aunque los Habsburgo se pusieron del lado de Segismundo, Federico IV, el hermano menor de Guillermo, decidió ayudar al antipapa Juan XXIII a escapar del Concilio de Constanza en 1415, ya que el concilio había decidido que se eligiera un nuevo papa. Segismundo se enfureció y mandó a capturar y encarcelar a ambos. Federico también fue puesto bajo la prohibición imperial, que era la forma que tenía el Sacro Imperio Romano de proscribir a una persona. Esto también significaba que estaba legalmente muerto, y todas sus posesiones pasaban inmediatamente a su sucesor o eran confiscadas. Si alguien mataba a una persona bajo la prohibición imperial, no sufriría ninguna consecuencia, ya que la persona ya se consideraba muerta. La Confederación Suiza aprovechó la oportunidad de la ausencia legal de Federico para hacerse con el control de los restantes territorios de los Habsburgo en Suiza.

Los hermanos de Federico siguieron discutiendo por la herencia leopoldiana. Alberto V, de la línea albertina, era aún menor de edad cuando sucedió al trono de la Baja Austria. Sus primos mayores de la línea leopoldiana discutieron sobre su tutela. El resultado fue una guerra civil en 1404, que sacudió las tierras austriacas hasta el fondo. En Austria se produjo una afluencia de mercenarios extranjeros, así como de bandas de soldados húngaros y moravos contratados por los nobles austríacos. La situación se resolvió finalmente en 1411, cuando los estamentos de la Baja Austria secuestraron finalmente a Alberto V (con su permiso) y lo instalaron como su duque. Gracias al eficaz gobierno del joven Alberto V, se restableció el orden. Sin embargo, consiguió involucrar a Austria en las guerras husitas, ya que estaba casado con la hija de Segismundo y debía lealtad al emperador del Sacro Imperio Romano.

En 1421, el duque de Austria aprovechó las guerras husitas para proclamar a los judíos de Viena como aliados husitas. Comenzó así la horrenda persecución de los judíos, con 212 de ellos quemados en la hoguera. Pero el verdadero resultado de la persecución de los judíos fue su riqueza. Alberto V necesitaba dinero para financiar sus expediciones contra los husitas, y comenzó a imponer impuestos adicionales a los judíos. Finalmente, decidió simplemente confiscar todas sus posesiones, acusándolos de colaborar y comerciar con el enemigo.

Alberto era socio menor de la familia de Luxemburgo por su matrimonio con Isabel, hija del emperador del Sacro Imperio Romano Germánico Segismundo. Pero Alberto jugó bien el juego de la política y, a la muerte de su suegro en 1437, fue coronado rey de Hungría y Bohemia. Pero lo más importante es que fue elegido como rey de los romanos, gobernando como Alberto II. Por desgracia, Alberto murió dos años después de disentería mientras luchaba contra los turcos otomanos. La esposa de Alberto estaba embarazada cuando el emperador murió, y más tarde dio a luz a un hijo. Se le conoció como Ladislao el Póstumo, y fue el sucesor de Alberto II. Sin embargo, solo Austria aceptó a Ladislao como su gobernante, a pesar de que la última voluntad de Alberto era que su hijo heredara todas las tierras que controlaba. Como Ladislao era menor de edad, pasó a estar bajo la tutela de su tío, Federico V de Estiria, junto con Segismundo, hijo de Federico IV. Así, el duque de Estiria tenía en su mano todas las cartas poderosas del juego dinástico de los Habsburgo.

La lucha de Alberto II contra los turcos otomanos no fue una casualidad. Fue un momento de la historia europea que resultó decisivo. Junto a las guerras husitas, la invasión otomana del este de Europa tenía una gran importancia para el futuro de todo el continente. La respuesta de los Habsburgo a estos acontecimientos marcaría la escena política de la región durante los tres siglos siguientes.

Capítulo 3: A.E.I.O.U.

Registros del rey Federico con la inscripción A.E.I.O.U. (1446)
https://en.wikipedia.org/wiki/A.E.I.O.U.#/media/File:AEIOU_Buch malerei_in_der_Handregistratur_K%C3%B6nig_Friedrichs_IV_1446. jpg

Federico V de la Casa de Habsburgo (1415- 1493) era el jefe indiscutible de la dinastía ya que era el duque de Estiria, Carintia y Carniola; también era el regente de las tierras albertinas, con Ladislao el Póstumo como su pupilo. Como primo de Alberto II, se convirtió en candidato a la realeza alemana. En 1440, un voto unánime de los príncipes electores lo convirtió en rey de los romanos. Gobernó como Federico III, y en 1451 emprendió su viaje a Roma, donde sería coronado como emperador del Sacro Imperio Romano. La tradición exigía que el emperador fuera coronado en Roma, pero Federico III sería el último en hacerlo. También fue el primer emperador de los Habsburgo en ser coronado por el papa en Roma. Inició el monopolio de los Habsburgo sobre el cargo imperial, que duró hasta 1806, aunque hubo una breve interrupción entre 1740 y 1745. Pero mientras Federico emprendía su viaje, de vuelta a Austria, se generaba malestar. El pueblo exigía el regreso de su legítimo duque, Ladislao, al que Federico había llevado a Roma.

La política dinástica de Federico III desempeñó un importante papel en la configuración del gobierno monárquico de sus sucesores. Los Habsburgo se consideraban poseedores del derecho divino a gobernar, y lo intentaron durante tres siglos: desde Federico III hasta el reinado de María Teresa (1717- 1780). Pero los Habsburgo ya no se conformaban con gobernar sus propias tierras dinásticas. Querían gobernar todo el mundo cristiano como dinastía elegida por Dios. Fue Rodolfo I (1218- 1291) quien inició la idea del derecho divino de la dinastía a gobernar, pero Federico III le dio su forma definitiva en el lema "A.E.I.O.U". El acrónimo fue creado por Federico antes de ser coronado rey de los romanos. Comenzó a firmar documentos con este acrónimo ya en 1435, e incluso lo explicó en su diario personal. "A.E.I.O.U." significa la frase alemana *Alles Erdreich ist Österreich untertan* y la frase latina *Austriae Est Imperare Orbi Universo*. Las frases alemana y latina tienen el mismo significado, y se traduce al inglés como "It is for Austria to rule the world" ("Es para que Austria gobierne el mundo"). Sin embargo, hay algunas dudas académicas sobre la autenticidad de la explicación de Federico, ya que es la única entrada de su diario que fue escrita con una letra diferente. Los Habsburgo estuvieron a punto de realizar este dominio de todo el mundo cristiano un par de veces. A través de matrimonios y alianzas, amenazaron con lograr la hegemonía en Europa. Y como emperadores del Sacro Imperio Romano Germánico, los Habsburgo tenían ciertamente la superioridad sobre la cristiandad occidental.

Aunque Federico III tenía una opinión muy elevada de la dinastía de los Habsburgo y tenía una visión exaltada del cargo de emperador del Sacro Imperio Romano Germánico, fue un gobernante débil. Su mandato fue largo (fue emperador del Sacro Imperio Romano Germánico desde 1452 hasta su muerte en 1493), pero se vio eclipsado por otras figuras políticas importantes. Durante los primeros veinte años de su gobierno, su hermano, Alberto VI, y el general militar húngaro Juan Hunyadi, así como el líder bohemio Jorge de Podiebrad, eclipsaron el poder de Federico. En este periodo, la principal fuente de poder de Federico era su control sobre el joven Ladislao, duque de Austria y rey de Bohemia. Federico se negó a liberar a Ladislao incluso cuando el joven duque cumplió doce años, que era la edad legal para gobernar en Austria. Federico también descuidó sus tierras austriacas, lo que llevó a la formación de la Liga de Mailberg en 1451. El objetivo de esta liga era la liberación de Ladislao y el establecimiento de un gobierno legítimo en Austria. En 1452, la liga incluía a Hunyadi y Podiebrad y, en septiembre, Federico se sintió suficientemente presionado y accedió a liberar a Ladislao.

El resto del gobierno de Federico fue un periodo de inacción e impotencia. Cuando Bizancio cayó en 1453 y los otomanos marcharon hacia Hungría, el emperador hizo muy poco para ayudar a defender las fronteras de su imperio y de la cristiandad. Juan Hunyadi tuvo que trabajar solo para defender Belgrado de los ataques turcos. El heroísmo de Hunyadi llevó a los húngaros a elegir a su hijo, Matías Corvino, como rey tras la muerte de Ladislao el Póstumo. En Bohemia, la situación fue similar. Jorge Podiebrad fue favorecido como rey en lugar de otro gobernante de los Habsburgo. En 1461, el hermano de Federico III, Alberto VI, desafió su gobierno invadiendo la Baja Austria. Las masas le recibieron como un salvador que les liberaría del opresivo emperador. Pero en 1463, Alberto murió y tanto la Alta como la Baja Austria quedaron bajo el control de Federico.

Después de estos acontecimientos, Federico empezó a gobernar Austria con más competencia. Obtuvo los obispados de Viena, Laibach y Wiener Neustadt. También compró el puerto de Fiume (la actual Rijeka, Croacia), pero nunca consiguió reparar sus relaciones con la nobleza austriaca. En cuanto a los ataques otomanos en la frontera sureste de Hungría, Federico no hizo casi nada. Sin embargo, creó la Orden de San Jorge en 1469, cuya misión era abogar por el cristianismo; no obstante, la intención original de Federico para esta orden militar era utilizarla para defender la Austria interior si los otomanos se acercaban. Sin embargo, la orden nunca fue enviada a defender la frontera húngara. El emperador Federico III tampoco envió nunca recursos al frente, lo que obligó a los nobles y campesinos locales a organizar la defensa. El ejército de campesinos, sin formación, nunca tuvo oportunidad de enfrentarse a la poderosa fuerza que era el Imperio otomano, y fueron derrotados en 1478.

Federico estaba ocupado por otra amenaza para su gobierno, una que le parecía más peligrosa que la invasión otomana: Matías Corvino. El rey húngaro estaba enfadado por la pasividad del emperador ante los turcos, y declaró la guerra a Federico en 1482. Corvino contó con la ayuda del arzobispo de Salzburgo, que reclutó gente para la causa. El ejército de Matías Corvino arrasó Austria y conquistó Viena en 1485, así como Wiener Neustadt en 1487. Federico tuvo que abandonar su residencia favorita y huir a Linz. La guerra terminó en 1488 con un armisticio, y Matías Corvino murió de un ataque dos años después. Su inesperada muerte permitió a Federico recuperar todas las partes de Austria que había perdido, pero no consiguió forzar la sucesión de los Habsburgo en la realeza húngara.

Hubo un aspecto del gobierno en el que Federico III tuvo más éxito. Su política dinástica llevó a los Habsburgo a una alianza matrimonial con la Casa de Borgoña. Las tierras de Borgoña estaban repartidas tanto en territorio francés como alemán. Entre sus territorios se encontraban algunas de las zonas más prósperas de Europa. Por ello, la Casa de Borgoña fue una de las principales potencias de la Europa medieval, pero nunca obtuvo el estatus de reino ni ninguna otra forma de gobierno independiente. La familia de Borgoña era también una de las más ricas del mundo, por lo que, naturalmente, tenía sus propias ambiciones políticas. Por ejemplo, Carlos el Temerario (1433-1477), duque de Borgoña, quería un reino. Segismundo del Tirol quería una alianza con Borgoña y convenció a su primo, Federico III, para que casara a su hijo Maximiliano con la hija de Carlos el Temerario, María. En 1473, Federico se dirigió a Carlos, pidiendo la mano de su hija para su hijo. Pero las negociaciones se estancaron cuando Segismundo se unió al bando suizo en el conflicto contra la reclamación de los Habsburgo sobre el territorio. Esto puso fin definitivamente a los intereses de la dinastía de los Habsburgo en Suiza. Las negociaciones matrimoniales continuaron en 1476, y en mayo se confirmó un acuerdo. Pero al año siguiente, Carlos murió, y Maximiliano tuvo que acudir a Borgoña para asegurar su compromiso con María. La pareja se casó el 19 de agosto de 1477, marcando un nuevo camino para la dinastía de los Habsburgo.

Maximiliano tuvo que quedarse en Borgoña y defender las propiedades de su esposa contra otros nobles de Borgoña y, sobre todo, contra el rey Luis XI de Francia. Desgraciadamente, María murió en 1482, y para asegurar la paz, Maximiliano tuvo que ceder una gran parte de Borgoña al rey francés. Aun así, la mayor parte del territorio permaneció bajo su control, lo que le proporcionó gran prestigio y riqueza. En 1486, durante la elección irregular,

Maximiliano fue elegido rey de los romanos. Pero su padre, Federico III, no le otorgó ningún poder gubernamental. Temía que su joven hijo fuera demasiado inexperto para gobernar. Pero Maximiliano demostró su valía en 1490 cuando consiguió comprar Tirol de manos de su primo Segismundo. Maximiliano hizo de Innsbruck su capital porque la ciudad estaba a medio camino entre los territorios de Borgoña y Austria. En 1493, había recuperado la mayor parte del territorio de Borgoña de manos de Francia, y una vez muerto Matías Corvino, ayudó a su padre a recuperar los territorios austríacos. Cuando Federico III murió en agosto de 1493, el único éxito que dejó fue su sucesor, Maximiliano, gobernante tanto de Austria como de Borgoña.

Como rey de los romanos, Maximiliano se convirtió en el emperador del Sacro Imperio Romano de facto, y gobernó como Maximiliano I. Al igual que su padre, creía en el derecho divino de los Habsburgo a gobernar, y siguió difundiendo esa propaganda. La mayor parte de la influencia de los Habsburgo se extendía a través del matrimonio, que Maximiliano disfrutaba estableciendo. Las mayores alianzas matrimoniales que creó fueron con la Casa de Castilla de España y la Casa de Jagellón de Europa Central (de origen lituano, pero que con el tiempo llegaron a gobernar Polonia, Hungría y Bohemia). Así, los Habsburgo extendieron su influencia por España, Italia, el Nuevo Mundo (el continente americano) y gran parte de Europa central. Esto fue posible porque los Habsburgo eran una de las tres superpotencias emergentes de Europa. Se presentaban como un equilibrio entre la casa real francesa y el Imperio otomano. Sin embargo, el matrimonio era solo una pequeña parte del éxito dinástico de los Habsburgo. Maximiliano y sus sucesores demostraron ser líderes capaces también en el campo de batalla y libraron muchas guerras.

Maximiliano fue el primer Habsburgo que abordó el gobierno de forma burocrática. Intentó una reforma fiscal y administrativa en sus tierras hereditarias. Utilizó la riqueza mineral y de hierro de Estiria y las minas de cobre y plata del Tirol para financiar las guerras y su administración imperial. Para ello, necesitaba un gobierno centralizado, con consejos regentes en el Tirol, la Baja Austria, la Alta Austria y la Austria Interior. Pero sus iniciativas de cambios más radicales de la gobernación fracasaron, ya que las casas nobles austriacas se resistieron a la expansión de nuevas instituciones y nuevos órganos ejecutivos. El fracaso en la ejecución de esta reforma imperial se debió a las numerosas guerras que distrajeron a Maximiliano. Luchó contra los franceses (1498) y los suizos (1499), intervino en el conflicto entre el Palatinado y Baviera (1504) y guerreó con Hungría (1507). Pero fueron las hostilidades de Venecia las que impidieron que Maximiliano fuera coronado por el papa como emperador del Sacro Imperio. Con el consentimiento del papa, Maximiliano se proclamó "emperador romano electo" en 1508, poniendo fin a la tradición de que el emperador debía ser coronado en Roma.

Sin embargo, su proclamación no supuso el fin de los diversos conflictos en los que estuvo involucrado. Aliado con Enrique VIII de Inglaterra, Maximiliano dirigió el ejército inglés contra el francés en 1513 y ganó la batalla de las espuelas o batalla de Guinegate. Esta fue la segunda batalla de lo que se conoce como la Guerra de la Liga Santa, un conflicto entre Francia, los Estados Pontificios y Venecia. Aunque al principio Francia y los Estados Pontificios trabajaron juntos para alterar la influencia veneciana, sus diferencias fueron demasiado grandes y la liga se desmoronó. El papa se unió a Venecia contra Francia, y Maximiliano I se puso del lado del papa. El conflicto se convirtió en las más amplias guerras italianas (1494- 1559), en las que muchos participantes cambiaron de bando, traicionaron a sus aliados y entablaron nuevas amistades. Pero todas estas guerras pasaron factura al Sacro Imperio Romano Germánico, y Maximiliano se quedó sin recursos para financiar nuevas campañas. A pesar de su inversión en la guerra, Maximiliano ganó muy poco y perdió algunas de sus posesiones italianas.

Al final de su reinado, Maximiliano volvió a lo que se le daba bien: arreglar matrimonios. Esta vez, organizó los matrimonios de sus nietos, María y Fernando. María se casó con Luis II, hijo de Vladislao II de la casa Jagellón (rey de Hungría y Bohemia). Fernando debía casarse con Ana de Bohemia y Hungría, la hermana mayor de Luis II. Pero Fernando no aceptó este matrimonio hasta años después. La ceremonia de esponsales se celebró en 1515, con Maximiliano como apoderado de su nieto, y el matrimonio real se produjo en 1521. Maximiliano murió en 1519 sin asegurar la sucesión de su nieto favorito, Carlos V. Sin embargo, fue Carlos quien heredó todos los territorios patrimoniales de los Habsburgo, y con ellos llegaron las oportunidades dinásticas para esta poderosa casa europea.

Carlos V (1500- 1558) se convirtió en duque de Borgoña y rey de Castilla en 1506. Con la muerte de Fernando de Aragón en 1516, Carlos se convirtió en el rey de España, gobernando tanto Castilla como Aragón. Pero para obtener el título de rey de los romanos, tuvo que recurrir al soborno. Carlos gastó tanto dinero para asegurar su elección que se le conoce como el emperador que compró su imperio. Gobernó como Carlos I desde 1519 hasta su muerte en 1558. Fue coronado por el papa en Bolonia en 1530, convirtiéndose en el último emperador en recibir la corona directamente de manos del papa. Su imperio era vasto, ya que gobernaba las tierras hereditarias de los Habsburgo, Alemania, España, partes de Italia y la costa mediterránea, así como colonias en el Caribe, Perú y México. El poder de los Habsburgo se extendía mucho, y parecía que el lema de Federico III de "A.E.I.O.U." estaba cerca de hacerse realidad. Carlos incluso ideó su lema, *Plus ultra* ("aún más lejos"), y con él proclamó su intención de trabajar por una monarquía universal; habría un gobernante para toda la cristiandad.

Pero la pretensión de los Habsburgo de conseguir una monarquía universal nunca fue realista. Los reyes de Francia tenían aspiraciones similares y se interpusieron en el camino. Francia era un enemigo demasiado poderoso y un aliado poco fiable. La administración gubernamental de Francia era más eficaz que la del Sacro Imperio Romano y la de Austria. Los ingresos que recaudaban igualaban a los de los Habsburgo, incluso con los ingresos que aportaba el Nuevo Mundo. Los Habsburgo tenían problemas para administrar sus tierras debido a su inmensidad. Sus tierras hereditarias fueron las primeras en protestar contra el antiguo régimen de Viena, y los austríacos intentaron establecer su propio gobierno. Las clases dirigentes locales de otros territorios de los Habsburgo iniciaron disturbios similares. Querían conservar su autonomía, no formar parte de una monarquía universal. Además de tener que hacer frente a la amenaza francesa y a los disturbios locales, Carlos V también tenía que desconfiar de los otomanos que presionaban en su frontera sureste.

Pero el mayor problema del emperador no era un enemigo físico, un país que pudiera pacificar con su ejército. Era la ideología de Martín Lutero, que en 1517 fijó sus *Noventa y Cinco Tesis* en la puerta de la Iglesia del Castillo de Wittenberg en señal de protesta contra la corrupción de la Iglesia católica. El protestantismo surgió como resultado, y se presentó como un enemigo mortal del catolicismo tradicional. Y era el catolicismo el que se erigía como pilar de la autoridad imperial de los Habsburgo. Por lo tanto, el protestantismo era una amenaza directa para el poder y la influencia de los Habsburgo en el mundo cristiano. Carlos tenía que lidiar ahora con los luteranos, calvinistas, unitarios y otras sectas emergentes, y la idea de un imperio unido por la fe parecía cada vez menos plausible. El único camino lógico sería que Carlos suprimiera las nuevas sectas y confirmara el catolicismo como religión principal del imperio. Pero los ataques otomanos le impidieron actuar, ya que no tenía recursos para luchar en dos frentes.

Un gobernante más carismático y modesto podría haber unido su vasto imperio para defenderse de los franceses, los turcos y los protestantes. Pero Carlos V nunca fue querido por su pueblo, y su pretenciosidad les inspiró a rebelarse. Carlos era consciente de que no podía estar en todos los sitios a la vez, y para ayudar a gestionar su vasto imperio, empezó a dividirlo. Dio el control de diferentes áreas a diferentes miembros de la familia Habsburgo. Así, se aseguró de que la tierra permaneciera bajo el control de los Habsburgo mientras se sofocaban las rebeliones. Pero también se aseguró de que sus primos vieran su generosidad y permanecieran leales. Por ello, Carlos V entregó las tierras hereditarias austriacas (Baja Austria y Tirol) a su hermano menor, Fernando. Estas eran las zonas más fértiles y, con Tirol, Fernando se hizo con el control de las minas de plata.

Carlos pasó gran parte de su reinado guerreando con Francia en Italia. En 1527, sus soldados saquearon Roma, ya que el emperador no podía pagarles. En 1529, Carlos se vio obligado a aceptar la pérdida de Borgoña, pero hizo que Francia renunciara a Milán. Un año más tarde, fue finalmente coronado como emperador, y sintió la necesidad de empezar a concentrarse en los asuntos internos del imperio. Consiguió que su hermano Fernando recibiera el título de rey de los romanos en 1531. Esto significaba que Fernando era su sucesor oficial como emperador. Pero lo que Carlos no advirtió fue la propagación del luteranismo por las tierras y estados del imperio. Muchos príncipes alemanes se convirtieron al protestantismo y, en 1531, formaron la Liga de Esmalcalda, una alianza militar de todos los príncipes protestantes del imperio. La liga también tenía una agenda política, ya que quería sustituir al Sacro Imperio Romano Germánico. Los franceses apoyaron la Liga de Esmalcalda porque era una amenaza directa para los Habsburgo católicos. Al año siguiente, los turcos otomanos empezaron a acercarse a Viena, y Carlos no tenía tiempo para ocuparse de los protestantes y su liga. Tuvo que apelar a la Dieta de Núremberg, una asamblea deliberante del Sacro Imperio Romano Germánico, para que enviara un ejército a defender Viena.

Desafortunadamente, Carlos no pudo persuadir a los príncipes para que le dieran un ejército y recursos. Sin embargo, el segundo intento de los otomanos (el primero fue en 1529) de tomar la ciudad fracasó.

Debido a la presión para aceptar a los protestantes, que contaban con el apoyo de Francia e Inglaterra, Carlos prometió que no los perseguiría y reconoció a la Liga de Esmalcalda como legítima. A cambio, la liga prometió que lucharía por el imperio contra los turcos y los franceses. Sin embargo, la cuestión religiosa del imperio no se resolvió y Carlos acabó perdiendo el interés por los asuntos imperiales una vez más. En su lugar, invadió Túnez, que se encontraba en la misma región que Cartago, que en su día fue enemiga del antiguo Imperio romano. La victoria de Carlos fue más que nada simbólica, pero siguió la tradición romana de un gran triunfo en Roma para celebrar su éxito. En la década de 1540, el imperio había empezado a obtener victorias en diferentes frentes, y Carlos se sentía fortalecido por ellas. Intentó romper la Liga de Esmalcalda y restaurar la supremacía del catolicismo. En 1545, el papa convocó un concilio en Trento, que reunió un ejército imperial. En 1547, la Liga de Esmalcalda fue derrotada en Mühlberg.

Los príncipes protestantes respondieron en 1552 al aliarse con Francia. Enrique II de Francia lanzó un ataque por sorpresa contra Carlos y casi capturó al emperador en Innsbruck, pero la ciudad logró defenderse. Sin embargo, Enrique lanzó ataques contra más ciudades alemanas, que tuvieron más éxito. Carlos lanzó un asedio a Metz como respuesta al ataque, pero el asedio fracasó en 1553. El emperador no pudo asumir la derrota y envió a su hermano Fernando a dirigir las negociaciones. En 1555 se logró la Paz de Augsburgo, y se decidió que cada gobernante local hiciera valer su religión ante sus súbditos. Ese mismo año, Carlos dimitió como gobernante de los Países Bajos. En 1556, renunció a gobernar España y, en septiembre, abdicó como emperador del Sacro Imperio Romano Germánico, cediendo el cargo a Fernando. Carlos V pasó los dos años restantes de su vida en España.

Con la muerte de Carlos, también murió la idea de una monarquía universal. Su hijo, Felipe II, rey de España, consiguió una victoria sobre Francia y ganó Italia para los Habsburgo, pero no estuvo cerca de convertirse en un gobernante universal. Sin embargo, con la caída de Francia en guerras religiosas y civiles, Felipe se convirtió en el gobernante europeo más poderoso. Pero Felipe no sucedió a Carlos como emperador del Sacro Imperio Romano Germánico, ni tampoco a su tío Fernando I. Si lo hubiera hecho, tal vez habría continuado con la política de A.E.I.O.U. de sus predecesores.

Los disturbios religiosos siguieron sacudiendo el imperio, y Fernando I, que se convirtió en emperador del Sacro Imperio tras la muerte de su hermano, tuvo que enfrentarse a una Austria mayoritariamente protestante, a la amenaza turca y a la división del imperio. Sin embargo, los Habsburgo adaptaron su política y afrontaron con éxito estos retos creando la monarquía de los Habsburgo.

Capítulo 4: Bastión de la cristiandad

Asedio de Viena representado por los artistas otomanos del siglo XVI
https://en.wikipedia.org/wiki/Siege_of_Vienna_(1529)#/media/File:Sie geOfViennaByOttomanForces.jpg

La segunda mitad del siglo XVI fue testigo del declive del valor de las tierras de Alemania y Europa Central. Las tierras hereditarias de los Habsburgo, situadas a orillas del Danubio, se desarrollaban rápidamente gracias a las rutas comerciales de este gran río. Pero cuando el comercio se trasladó al mar Adriático, el resto de Europa Occidental empezó a desarrollarse y a enriquecerse. Los Habsburgo seguían teniendo sus posesiones italianas, por lo que este cambio económico aún no suponía una amenaza para la dinastía. Pero las líneas españolas y holandesas de los Habsburgo superaron las tierras hereditarias. El comercio hacia el este estaba bloqueado debido a la invasión otomana, pero todavía existía una industria minera muy desarrollada en el Tirol. Sin embargo, los ingresos de estas minas pronto se vieron mermados por la afluencia de oro y plata del Nuevo Mundo. La agricultura seguía prosperando en el valle del Danubio, pero las tierras eran propiedad de ricos terratenientes, por lo que los campesinos, insatisfechos con la servidumbre, causaban muchos problemas en la región. En general, las tierras austriacas estaban en declive económico mientras el resto del mundo occidental prosperaba.

Sin embargo, Fernando I demostró ser un gobernante notable. Además de la caída de la economía, tuvo que lidiar con los problemas religiosos que persistían tras la muerte de Carlos y con la invasión turca. Aunque no resolvió ninguno de estos problemas, consiguió construir una monarquía lo suficientemente fuerte como para resistirlos y una dinastía que pudo sobrevivir a todos los problemas que torturaron a los dominios de los Habsburgo. Los primeros años de gobierno de Fernando como archiduque de Austria estuvieron marcados por las sangrientas revueltas campesinas en la Baja Austria a mediados de la década de 1520. Fernando frenó eficazmente estas revueltas, pero no pudo detener las ideas del luteranismo que se extendían por Austria. En 1526, Fernando consiguió acumular más poder cuando el ejército húngaro fue derrotado por los turcos, ya que su rey, Luis II de la Casa Jagellón, fue asesinado. Fernando se encontró entonces con que era el presunto heredero tanto de

Bohemia como de Hungría debido a la alianza matrimonial de 1515. Sin embargo, ambas coronas eran electivas, por lo que Fernando tenía que esperar que los señores locales le votaran. Utilizó su influencia y su fortuna para sobornar a los electores. En Bohemia, su victoria fue sencilla. Pero en Hungría, fue impugnado por Juan Zápolya, y comenzó una lucha de poder.

En 1529, los turcos estaban de vuelta, y en septiembre del año siguiente, Solimán el Magnífico dirigió su ejército hacia Viena. El sitio de Viena duró dos semanas, durante las cuales 100.000 otomanos atacaron la ciudad, que fue defendida por solo 21.000 soldados imperiales. El ataque fue una respuesta al conflicto de sucesión en Hungría, ya que Juan Zápolya se puso del lado de Solimán. Fernando tomó el control del oeste de Hungría y de la ciudad de Buda, pero el resto del país estaba bajo el control de Zápolya, por lo que se convirtió en un estado vasallo otomano. Cuando se repitió el ataque a Viena en 1532, el emperador del Sacro Imperio Romano Germánico, Carlos V, convocó a todos los cristianos, incluidos los protestantes, para defender la ciudad. En aquella época, Viena era el símbolo de la cristiandad y todos se sentían responsables de su defensa. Los otomanos se vieron obligados a retirarse, pero permanecieron en la parte húngara de Zápolya. Durante los quince años siguientes, Fernando intentó hacerse con el control de toda Hungría, y los turcos se defendieron e incluso asaltaron las tierras austriacas vecinas. En 1547, Fernando se vio obligado a acordar un alto al fuego, y tuvo que pagar a los turcos una cuota anual para preservar la paz. Sin embargo, Hungría estaba ahora dividida en tres partes, por lo que la paz era imposible. Las partes occidental y noroccidental pertenecían a Fernando; Transilvania fue entregada a Juan Segismundo, hijo de Juan Zápolya; y el resto estaba bajo el control directo de los otomanos. Los combates se reanudaron, dando lugar a una frontera militar entre las partes imperiales de Hungría y las partes otomanas, en la que cada bando erigió fortalezas junto a la frontera.

Pero Ferdinand no estaba en el lado perdedor. En el mejor de los casos, la situación estaba en un punto muerto. El archiduque de Austria detuvo el avance de los otomanos y amplió sus tierras hereditarias para incluir Bohemia y partes de Hungría. Bohemia resultó ser una adquisición muy rentable porque las tierras allí eran fértiles. Bohemia era tan rica que por sí sola pagaba dos tercios del pago anual a los otomanos por la paz. Pero toda esta expansión de las tierras hereditarias y la constante amenaza turca llevaron a Fernando a pensar en refundar el gobierno de los Habsburgo. Continuó con las reformas iniciadas por su predecesor, Maximiliano, y modeló el nuevo gobierno sobre el borgoñón.

El gobierno centralizado estaba por fin implantado en Austria, aunque no del todo. Fernando era consciente del poder que tenían los príncipes locales y no quería enemistarse con ellos. Por ello, solo introdujo los principios básicos de la centralización, como el Consejo Privado como institución ejecutiva suprema, el Consejo Áulico como tribunal supremo de justicia y la Cancillería de la Corte, que administraba Austria. Más tarde, se introdujo el Consejo Áulico de Guerra, pero solo para que pudiera gestionar los esfuerzos de recuperación de Hungría. Las tierras de Bohemia y Hungría quedaron exentas del control del Consejo Áulico, y se mantuvieron independientes de la Cancillería de la Corte. En 1556, la Cancillería de la Corte se convirtió en una institución imperial que ahora debía administrar todo el imperio. Fernando tuvo que permitir la existencia de los gobiernos locales para convencer a los nobles locales de que pagaran los impuestos que financiaban las guerras contra los otomanos y los húngaros.

Fernando también toleró el luteranismo en Austria, y el mensaje de Martín Lutero se extendió por los territorios de los Habsburgo como un reguero de pólvora. La nueva teología se enseñaba en las universidades del norte de Austria y resultaba especialmente atractiva para la nueva generación de nobles. La constante amenaza otomana ayudó a la causa protestante, ya que alejó el foco imperial de los problemas religiosos. Pero los protestantes también utilizaron la guerra para chantajear a Fernando para que les diera libertades religiosas. En 1541, cuando el archiduque convocó a todos los cristianos a ayudar contra los turcos, los estamentos protestantes exigieron concesiones religiosas. La respuesta de Fernando fue muy compleja. Como Habsburgo, era el baluarte de la cristiandad, y su papel era defender el catolicismo. Pero, presionado por los protestantes, se dio cuenta de que era más prudente luchar por la acomodación dentro de la Iglesia que por la uniformidad, que supondría el riesgo de un cisma. Los Habsburgo españoles utilizaron la fuerza militar para hacer frente a los disturbios religiosos, ya que preferían la uniformidad católica. Pero en Austria, el siglo XVI fue testigo de mucha más tolerancia y libertad.

Cuando Fernando firmó la Paz de Augsburgo en 1555, demostró ser más tolerante con las nuevas sectas que el emperador Carlos V. Y aunque la paz permitía a cada señor local imponer su propia religión a sus súbditos, no fue así en las tierras de los Habsburgo. Fernando continuó con su política de tolerancia, y en la década de 1560, como emperador del Sacro Imperio Romano Germánico, abogó por una reconciliación de las sectas en el Concilio de Trento, que fue un concilio que la Iglesia católica reunió como respuesta a la expansión del protestantismo, pero su recomendación fue rechazada. En 1563, el Concilio de Trento condenó las enseñanzas protestantes como herejía y asumió una postura militante contra el protestantismo. Fernando no vio con buenos ojos tal postura porque se dio cuenta de que solo profundizaría la división entre protestantes y católicos. Su mayor decepción en la vida fue que nunca se alcanzó la paz religiosa.

En 1554, Fernando había dispuesto el reparto de las tierras hereditarias de los Habsburgo entre sus dos hijos tras su muerte. Su hijo mayor, Maximiliano II, heredaría los tronos de Bohemia y Hungría, así como la propia Austria. Maximiliano también fue nombrado sucesor imperial de Fernando. Los hermanos menores de Maximiliano, Fernando II y Carlos II, se hicieron con los tronos de la

Alta Austria (las regiones de Suabia, Alsacia, Vorarlberg y Tirol) y de la Austria Interior (Estiria, Carintia, Carniola y Gorizia), respectivamente. Una vez más, los Habsburgo dividieron el dominio de Austria, sumiendo al estado en una política compleja y en una mala defensa contra los otomanos.

Como rey de los romanos, Maximiliano II continuó la política de acomodación religiosa de su padre. Aunque los Habsburgo eran católicos, de joven Maximiliano se sintió atraído por el luteranismo, y Fernando creía que, si se le hubiera permitido, se habría convertido. Por ello, Fernando proporcionó una estricta educación católica a sus hijos. Al final, Maximiliano II declaró: "No soy católico ni protestante, soy cristiano". Esta cita muestra toda su determinación para impulsar las adaptaciones dentro de la iglesia. Una vez convertido en emperador del Sacro Imperio Romano Germánico en 1564, Maximiliano rechazó las tácticas agresivas de la Contrarreforma y continuó con la política de tolerancia iniciada por su padre. El resultado fue la *Religionsassecuration* (*Religiones como seguridad*) de 1571, la legalización del protestantismo para los miembros de las familias nobles de la Baja Austria. Una concesión similar se hizo en Bohemia, ya que la mayoría de su población era protestante.

Parte de los motivos de Maximiliano para este compromiso religioso era su necesidad de ingresos que financiaran sus luchas en Hungría. Sin embargo, la relativa paz llegó en 1568, lo que permitió a Maximiliano perseguir sus derechos a la corona polaca. No tuvo éxito en Polonia porque tuvo que reorientar su atención hacia los renovados ataques otomanos, lo que significaba que ahora necesitaba recaudar ingresos para reforzar las fronteras de su imperio. Sin embargo, la mayoría de los estados imperiales eran ahora protestantes y no querían dar su dinero a un gobernante católico. Maximiliano II no tuvo más remedio que reconsiderar la aplicación de la agresiva doctrina de la Contrarreforma. Esto no sería un problema para Fernando II en el resto de Austria, ya que la población seguía siendo mayoritariamente católica. En la Austria interior, Carlos II era el más cercano a la amenaza turca, y se vio obligado a reconocer la *Religionspazifikation (Enseñanza religiosa)* en 1572, que era similar a la *Religionsassecuration* de Maximiliano de 1571.

Maximiliano murió en 1576 mientras se preparaba para continuar sus esfuerzos en Polonia. Le sucedió su hijo mayor, Rodolfo II, que ya había sido elegido rey de los romanos, así como de Bohemia y Hungría. Aunque Rodolfo fue criado en la corte del rey Felipe II de España, puramente católico, conservó la visión austriaca del mundo. Así, una vez convertido en emperador, estaba dispuesto a continuar la política de acomodación de sus dos predecesores, y esperaba vivir para ver la reunión de los protestantes y los católicos bajo la misma doctrina religiosa. Rodolfo trasladó su capital imperial a Praga, situada en Bohemia, en parte debido a que Praga era la provincia más rica del imperio.

A Rodolfo II no le interesaba gobernar; prefería las artes y las ciencias, y se convirtió en uno de los mayores mecenas de ambas. Delegó el gobierno de las tierras de los Habsburgo en sus hermanos: Ernesto, Matías, Maximiliano y Alberto, todos ellos educados en la corte española. Al dividir el gobierno entre sus hermanos, Rodolfo descentralizó Austria. Esto trajo consigo diversas políticas religiosas en los territorios de los Habsburgo. En Tirol, la Contrarreforma se aplicó plenamente, mientras que en la Alta Austria nunca fue muy activa. La Baja Austria tuvo mucho éxito en la implementación de una Contrarreforma completa debido a los esfuerzos del cardenal Melchior Khlesl, que expulsó a los predicadores protestantes de Viena y promovió la reconversión pacífica al catolicismo. En el interior de Austria, el hijo de Carlos II, Fernando II, inició la reconversión forzosa de los protestantes. Los Habsburgo entraron en la década de 1600 con más católicos que protestantes, aunque tuvieron que hacer serias concesiones a Hungría, que mantuvo sus libertades religiosas. Esto se permitió para que la dinastía pudiera conservar sus derechos de sucesión en Hungría.

Pero todas estas disputas religiosas en Austria tuvieron como consecuencia la pérdida de algunos de los territorios húngaros a manos de los otomanos. La culpa la tuvo el emperador del Sacro Imperio Rodolfo II. Algunos de los estamentos austríacos apoyaron a su hermano, Matías, deseando que se convirtiera en el jefe de la dinastía. De hecho, proclamaron a Matías como archiduque de Austria en 1606. En 1611, Matías también fue proclamado rey de Bohemia, ya que consiguió reunir apoyos también allí. Rodolfo y Matías compitieron y guerrearon abiertamente, y el emperador se vio obligado a abandonar Praga con nada más que su título. Murió en 1612 y Matías fue elegido emperador. Restableció Viena como capital del imperio, pero tuvo más problemas para restablecer el dominio de los Habsburgo sobre las tierras austriacas. Los señores protestantes locales aumentaron su riqueza y poder, y se presentaron como una seria amenaza para la dinastía. Además, el equilibrio de poder religioso seguía en crisis. La culminación de todo esto se produjo en Bohemia en 1615, cuando la dieta aprobó una legislación antialemana y obligó a Matías a aceptarla.

Fernando II fue elegido rey de Bohemia en 1617, pero se enfrentó a una gran resistencia por parte de los estamentos protestantes. La tensión religiosa aumentó el 23 de mayo de 1618, cuando los representantes protestantes arrojaron a los funcionarios reales por la ventana del castillo de Hradschin. Nadie resultó gravemente herido, pero el acto de defenestración fue suficiente para desencadenar una guerra.

Matías y Fernando se encontraron en lados opuestos del conflicto. Matías quería llegar a un compromiso religioso, pero Fernando no lo permitió. Fernando también contaba con la ayuda de la línea española de los Habsburgo, y consiguieron hacerse con el gobierno del imperio justo antes de la muerte de Matías en marzo de 1619.

Las luchas religiosas en el Sacro Imperio Romano Germánico iniciaron la guerra de los Treinta Años (1618- 1648), uno de los mayores y más sangrientos conflictos europeos. Sin embargo, la causa subyacente de la guerra no fue la religión, sino la lucha por el poder dentro de la dinastía de los Habsburgo. Comenzó con el conflicto entre Fernando II y su oposición en Alemania, pero pronto creció hasta incluir a Francia, España, Suecia y otros poderosos aliados o enemigos del emperador. La guerra tuvo una enorme influencia en la economía y la demografía de Europa central, pero Austria se salvó en gran medida. No obstante, la guerra tuvo una profunda influencia en la dinastía de los Habsburgo. Sus ambiciones de hegemonía política y de un gobierno unificado bajo un cetro fueron aplastadas por la superioridad militar de Francia y Suecia. Fernando II se extralimitó al tratar de afirmar la posición religiosa que el imperio había mantenido en 1555. No solo sus enemigos, los protestantes, reaccionaron violentamente, sino también sus aliados católicos. Fernando II murió en 1637, justo cuando la guerra entraba en su fase final. Para entonces, Francia había declarado la guerra a España y gran parte de Alemania estaba bajo el dominio sueco. Fernando III, el sucesor de Fernando II, tuvo que salvar lo que pudo de la empresa de los Habsburgo.

Fernando III era un líder más pragmático que su padre, y tuvo que continuar la guerra en solitario porque el mayor aliado de Austria, España, estaba presionado por Francia. Suecia ocupó gran parte de Alemania y Bohemia, lo que obligó al emperador a firmar la paz en el otoño de 1648. La guerra entre España y Francia continuó hasta 1659, pero la Paz de Westfalia, firmada el 24 de octubre de 1648, puso fin a la participación austriaca y aseguró la paz en Europa central. Austria tuvo que ceder territorios en Alsacia a Francia y en Lusacia a Sajonia. La guerra también supuso la disminución del Sacro Imperio Romano y del papel de los Habsburgo en él. Suiza y la República Holandesa abandonaron el imperio, y los estados que permanecieron se independizaron políticamente. De hecho, cambiaron su estatus de estamentos a estados. El imperio se parecía más a una federación de diferentes estados unidos por el cargo electivo del emperador. La Paz de Westfalia también supuso un aumento de poder para Francia, Dinamarca y Suecia y les permitió inmiscuirse en los asuntos imperiales del Sacro Imperio Romano Germánico, al que ni siquiera pertenecían.

Además de todo esto, la familia francesa de los Borbones ascendió al poder y superó el prestigio de los Habsburgo. La dinastía austriaca perdió el poder que había tenido en la escena política europea, pero la guerra también fue una victoria para ellos. Supuso el poder absolutista de la dinastía en Austria y la victoria del catolicismo sobre el protestantismo. Los protestantes que no querían convertirse abandonaron el imperio. Más de 200.000 protestantes de Bohemia y 100.000 de las tierras de herencia austriacas emigraron a países que toleraban el protestantismo. Los nobles protestantes restantes se convirtieron gradualmente al catolicismo, lo que aportó una imagen de monarquía católica barroca modélica a los territorios de los Habsburgo.

La Paz de Westfalia supuso también el fin de los sueños de los Habsburgo de una monarquía universal. Sin embargo, la dinastía continuó ejerciendo su derecho divino a gobernar de una nueva manera. La trinidad entre la dinastía, la iglesia y la aristocracia creó la monarquía de los Habsburgo, un nuevo régimen que tuvo un profundo impacto en la historia de Austria.

Capítulo 5: La monarquía de los Habsburgo

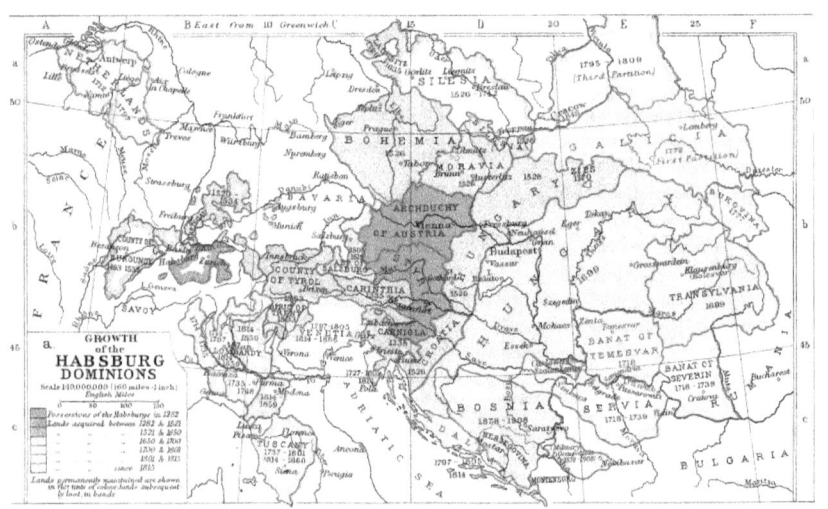

Territorios de los Habsburgo en Europa Central
*https://en.wikipedia.org/wiki/Habsburg_Monarchy#/media/File:Growt
h_of_Habsburg_territories.jpg*

La guerra de los Treinta Años creó un escenario perfecto en Europa para que floreciera la Ilustración. Como movimiento intelectual que dominó el continente durante los siglos XVII y XVIII, la Ilustración tenía ideas sobre cómo debían gobernarse los estados. La gente de toda Europa exigía monarquías constitucionales, pero algunos reyes resultaron más difíciles de persuadir que otros. El Sacro Imperio Romano Germánico se redujo a la Monarquía de los Habsburgo, y antes de que estos pudieran aceptar las ideas de la Ilustración, tuvieron que consolidar su poder. En Europa Central comenzó la era del Barroco austríaco, una época de hegemonía religiosa y cultural que se tradujo en el éxito en la frontera del sureste contra los turcos. En 1714, la monarquía de los Habsburgo se había establecido como una gran potencia europea. Pero la monarquía seguía basándose en las nociones tradicionales del imperialismo, y los Habsburgo se resistieron a los cambios que estaban sufriendo sus vecinos europeos, al menos durante algún tiempo.

A los Habsburgo les costó tanto aceptar las ideas de la Ilustración porque utilizaron las ideas barrocas para consolidar su poder. En Salzburgo, ciudad situada en la frontera entre Alemania y Austria, se desarrolló el estilo cultural y el pensamiento político del Barroco. Los Habsburgo vincularon su triunfo a la época barroca, y les costó abandonarla. La arquitectura barroca es intencionadamente imponente y grandiosa, como para mostrar la posición privilegiada de la nobleza, que miraba por encima del hombro a los campesinos. La época barroca en Europa central fue la época de la segunda servidumbre para los plebeyos. El ascenso de la alta aristocracia a costa de la baja nobleza y el campesinado permitió a los nobles amasar recursos para construir fastuosos palacios, catedrales y residencias de verano tanto para la familia real como para los altos cargos de la Iglesia.

La formación de la monarquía de los Habsburgo comenzó con Rodolfo I en 1273. Aunque los miembros de la dinastía de los Habsburgo gobernaban como emperadores del Sacro Imperio Romano Germánico, la monarquía de los Habsburgo existía paralelamente al Sacro Imperio Romano Germánico. Tenía territorios tanto fuera como dentro del Sacro Imperio Romano Germánico. A lo largo de los siglos XVII y XVIII, la Monarquía de los Habsburgo fue una unión de diferentes reinos, lo que era una práctica común en la Europa de la época. Pero esta unión no se unificó formalmente hasta el siglo XIX y pasó a denominarse Imperio austríaco (posteriormente Imperio austrohúngaro). El término "monarquía de los Habsburgo" fue creado por los estudiosos para separar el gobierno dinástico de los Habsburgo de sus posesiones personales de su gobierno imperial. El Sacro Imperio Romano Germánico siguió existiendo después de la guerra de los Treinta Años, pero su papel disminuyó y la influencia de los Habsburgo en Europa desapareció.

Durante la época del Barroco, la dinastía optó por concentrar sus esfuerzos en las tierras hereditarias sin dejar de ostentar el título imperial. Francia se convirtió en la principal potencia europea y la dinastía borbónica superó la influencia de los Habsburgo. El ejemplo perfecto de este dominio francés se produjo tras la muerte del emperador Fernando III de la Casa de Habsburgo en 1657. Su hijo, Leopoldo, fue elegido emperador en 1658, pero solo después de ceder a la presión francesa y negarse a ayudar a sus primos españoles en la guerra.

Aun así, Leopoldo demostró que podía resistir el dominio francés. Aunque se mantuvo al margen de la guerra de Devolución, que duró de 1667 a 1668, y permitió la agresión francesa a los territorios de los Habsburgo en España, estaba dispuesto a luchar en la guerra de Holanda (1672- 1679). Pero en realidad no tenía otra opción, ya que no entrar en la guerra significaría la plena aceptación del dominio francés. En su lugar, el emperador católico de los Habsburgo se alió con los calvinistas y luteranos para luchar contra el rey católico Luis XIV.

Pero la influencia de los Habsburgo no se vio afectada únicamente por la expansión francesa en el oeste. Los problemas en la frontera oriental del imperio pasaron factura. Aunque el ejército de Leopoldo derrotó a los otomanos en San Gotardo, Estiria, en 1664, acordó una paz tan desventajosa que los señores húngaros se rebelaron. Leopoldo estaba distraído por los avances franceses en su frontera occidental, y tuvo que elegir entre preservar el prestigio de los Habsburgo y defender el imperio de los turcos.

Leopoldo se apresuró a reprimir la revuelta de los magnates católicos húngaros en 1671 e impuso un régimen absolutista junto con una estricta campaña de Contrarreforma. Esto provocó otra revuelta, esta vez en el norte del país, donde los protestantes iniciaron una guerra civil. Se libró entre los *kuruc* ("cruzados") protestantes y los *labanc* ("pelo largo", ya que los soldados austríacos llevaban pelucas largas) católicos. En 1681, Leopoldo se vio obligado a hacer grandes concesiones a la nobleza húngara y se devolvieron los derechos de los protestantes. Pero la revuelta continuó porque fueron los turcos quienes orquestaron el conflicto y apoyaron a los rebeldes. A su vez, Francia animó a los otomanos a atacar Viena y, en 1683, el Gran Visir Kara Mustafa envió un gran ejército para asediarla. El asedio culminó con la batalla de Viena, que se libró el 12 de septiembre y en la que los turcos fueron derrotados con contundencia. Esta batalla fue también la primera vez que el Sacro Imperio Romano luchó al lado de la mancomunidad para eliminar la amenaza otomana al mundo cristiano. La guerra continuó, pero Leopoldo I consiguió derrotar a los turcos y devolver casi toda Hungría a los Habsburgo. El ejército imperial siguió marchando hacia el sur y en 1688 se tomó Belgrado. Sin embargo, dos años más tarde, volvió a ser conquistada por los otomanos. El resultado fue la Primera Migración Serbia, durante la cual entre sesenta mil y setenta mil serbios se retiraron, junto con el ejército imperial, a las tierras controladas por los Habsburgo.

Leopoldo I necesitaba a los serbios como soldados, por lo que promulgó el primer *Capítulo de Privilegios*, que permitía al recién llegado pueblo serbio seguir siendo una entidad política independiente dentro de la monarquía de los Habsburgo. El diverso mosaico de etnias que se convertiría en el Imperio austríaco estaba ya en creación. El momento decisivo de la guerra con los turcos llegó en 1697 con la batalla de Zenta (también conocida como batalla de Senta en Serbia). El príncipe Eugenio de Saboya dirigió los ejércitos imperiales y aplastó al ejército otomano con solo la mitad de los efectivos que tenían los turcos. Esta batalla fue también el último intento otomano de recuperar Hungría. El Tratado de Karlowitz se firmó en 1699 en lo que hoy es Sremski Karlovci en Serbia. La conclusión de la guerra supuso grandes ganancias territoriales para los Habsburgo: toda Hungría y Transilvania. Solo la pequeña franja de territorio de Eslavonia y Banat permaneció bajo control turco.

La devolución de los territorios húngaros dio nueva fama a Leopoldo en Hungría. Aprendiendo de sus errores pasados, el emperador quiso reconciliarse con los nobles húngaros que se habían rebelado contra él. Concedió el reconocimiento de la constitución húngara y la libertad religiosa a los protestantes. A cambio, la nobleza confirmó el derecho de la línea masculina de los Habsburgo a heredar la corona húngara. Leopoldo también reconoció pronto la constitución de Transilvania y, en 1691, emitió el *Diploma Leopoldinum*, que confirmaba las libertades tradicionales de los transilvanos, a excepción de los rumanos ortodoxos. Leopoldo I amplió enormemente el imperio y consiguió que los Habsburgo tuvieran derechos indiscutibles para gobernar estas tierras.

La sucesión española

A finales de siglo, la línea de los Habsburgo españoles perdió a su último varón con la muerte de Carlos II en 1700. Solo había dos candidatos serios a la corona española: los Habsburgo austríacos o los borbones franceses. Ambas dinastías tenían pretensiones legítimas al trono de España por vínculos familiares. Carlos II había nombrado a Carlos VI de Austria como su sucesor, y mantuvo su decisión hasta los últimos días de su vida. Entonces, los nobles que apoyaban a la dinastía francesa le convencieron para que cambiara su testamento y nombrara heredero a Felipe de Anjou, nieto de Luis XIV. El rey Luis XIV se dirigió a Leopoldo I y le ofreció la partición de España, pero Leopoldo se negó a aceptar el reparto de unas tierras que antes habían sido gobernadas por los Habsburgo, aunque se tratara de una rama diferente. Así comenzó la guerra de sucesión española (1701-1714).

Francia se enfrentó casi sola al resto de Europa, pero pudo sobrevivir a la guerra con gran parte de las tierras españolas bajo su control. Sin embargo, la alianza de Inglaterra y el Sacro Imperio Romano Germánico demostró que los Habsburgo eran una fuerza vital que equilibraba el poder político en el continente. La alianza ganó importantes batallas en Blenheim (1704), Ramillies (1706), Oudenarde (1708) y Malplaquet (1709), aunque se consiguieron victorias en muchos frentes, como en los Países Bajos, Alemania, la propia España e Italia. Incluso las colonias en tierras lejanas se vieron involucradas en el conflicto.

Luis XIV estaba dispuesto a pedir la paz, que sería desventajosa para Francia, pero los aliados estaban seguros de su victoria, por lo que no aceptaron la paz. Leopoldo murió en 1705 y le sucedió su hijo mayor, José I, que continuó el conflicto. Murió en 1711, y el trono imperial fue entonces sucedido por su hermano menor, Carlos VI, el mismo Carlos que había sido nombrado heredero español por el rey Carlos II de España. Continuar la guerra no tenía sentido porque nadie quería que el emperador del Sacro Imperio gobernara España, ya que el equilibrio de poder se vería muy alterado. Inglaterra hizo la paz con Francia, pero exigió que las coronas francesa y española permanecieran separadas. Eso significaba que un miembro no gobernante de la dinastía real francesa tendría que heredar la corona española. Los Habsburgo seguían queriendo gobernar España, y habrían continuado la guerra, pero todos sus aliados les abandonaron después de que Inglaterra saliera de escena. Por lo tanto, no tuvieron otra opción que firmar la paz con Francia en Utrecht en 1713. Carlos VI no pudo luchar solo contra los borbones y finalmente aceptó firmar el Tratado de Rastatt en 1714.

Los Habsburgo consiguieron grandes adquisiciones territoriales con la paz, aunque estaban en el bando perdedor. Tuvieron que aceptar que nunca gobernarían la propia España ni sus colonias del

Nuevo Mundo, pero se les concedió el control de los territorios europeos que anteriormente habían estado bajo dominio español: las ciudades italianas de Milán, Cerdeña, Mantua, Mirandola y Nápoles, así como los Países Bajos españoles. Los efectos combinados de los dos tratados de paz, Rastatt y Karlowitz, permitieron a Austria ampliar su poder e influencia en Europa.

La Pragmática Sanción

Las tierras de los Habsburgo eran una unión dinástica y, desde 1665, no tenían un gobernante común. Tirol estaba bajo el control de otra rama de la familia, y aunque se hicieron varios intentos de reforzar los lazos entre los territorios de los Habsburgo, nunca se abordó realmente la división de las tierras hereditarias. Hungría no se convirtió en una posesión hereditaria hasta 1687, y surgió la necesidad de establecer una base legal para la unión de facto de todos los territorios de los Habsburgo. La extinción de la línea española de los Habsburgo llevó a Leopoldo I y a sus hijos, José y Carlos, a realizar un pacto secreto de sucesión mutua. Este documento confirmó el derecho de primogenitura de la línea dinástica masculina, pero también añadió la línea femenina. Esto significa que las hijas de José y Carlos podrían heredar los territorios de los Habsburgo si no hubiera más varones en la familia. Pero el pacto no resolvía la cuestión de qué hija tendría la prioridad de la herencia. ¿Sería la hija del hermano mayor o la del menor?

Para aclararlo, Carlos VI hizo público este pacto secreto en 1713, y añadió una declaración en la que se decía que las tierras de los Habsburgo debían permanecer indivisibles e inseparables. También dejó claro que, en caso de su muerte, la prioridad de la herencia recaería en sus hijas, no en las de su hermano mayor, José. Este documento adicional se conoce como la Pragmática Sanción, y proporcionó la base legal para la unión permanente de los territorios gobernados por los Habsburgo. Por primera vez, la Monarquía de los Habsburgo no era solo un régimen basado en el derecho divino de la dinastía a gobernar. La Monarquía de los Habsburgo había pasado de ser una idea a una entidad jurídica única. Pero para que el documento fuera legítimo, Carlos tenía que conseguir su reconocimiento, lo que resultó complicado. Aun así, Carlos VI dedicó su vida a entablar relaciones diplomáticas que aportaran legitimidad a su Pragmática Sanción, e incluso lo hizo a costa del imperio.

Las acciones de Leopoldo I y de sus hijos resultaron ser proféticas, ya que ninguno de los hermanos consiguió proporcionar un heredero varón superviviente. El hijo de Carlos murió en 1716 cuando solo tenía unos meses. Los dos únicos hijos supervivientes de Carlos fueron niñas: María Teresa (nacida en 1717) y María Ana (nacida en 1718). La elección natural para la sucesión era María Teresa, y Carlos se esforzó por asegurarle el trono. José I tampoco tenía herederos varones, solo una hija: María Josefa (nacida en 1699). De todos los estamentos complacientes de las tierras austriacas hereditarias, los húngaros resultaron ser los más difíciles de convencer para que reconocieran el documento. Bohemia, Croacia y Transilvania dieron su aprobación sin ninguna resistencia. Sin embargo, si se recuerda, los húngaros habían aceptado previamente que sus tierras formaran parte de la herencia de los Habsburgo, pero solo para la línea masculina, y no les gustó este giro. Sin embargo, Carlos se enfrentó con éxito a los renovados ataques turcos y, en 1722, consiguió la aprobación húngara. El 6 de diciembre de 1723, Carlos promulgó la ley de sucesión pragmática en los Habsburgo unidos. Ahora necesitaba asegurarse el reconocimiento de las potencias europeas, y para ello tuvo que hacer algunas concesiones que, de otro modo, nunca habría aprobado. Francia recibió Lorena a cambio de la aceptación del documento en 1738, el príncipe Carlos III de España recibió Parma y Piacenza ese mismo año, y Gran Bretaña y la República Holandesa vieron disuelta la Compañía de Ostende (el rival austríaco de las Compañías de las Indias Orientales británicas y holandesas). El rey Federico I de Prusia no quería nada a cambio y aprobó el documento por la lealtad que sentía hacia los Habsburgo.

Aunque Carlos VI consiguió el reconocimiento de su Pragmática Sanción por parte de todas las grandes potencias europeas, lo hizo con efectos negativos para su monarquía. Además de perder territorios a manos de las partes que aceptaron su documento, también perdió Belgrado, el norte de Bosnia y otras partes de la monarquía en la guerra austro-turca (1737- 1739). El único territorio que Carlos consiguió ganar y conservar fue el Banato.

Sin embargo, la pérdida de estos territorios no fue nada comparada con la pérdida de prestigio. La eficacia de la Pragmática Sanción era ahora cuestionada por todos, y cuando Carlos murió en 1740, María Teresa se vio expuesta a los ataques. Era la legítima heredera al trono imperial, pero tuvo que luchar por su derecho a gobernar.

Capítulo 6: La Austria ilustrada

El emperador José II arando los campos en Moravia (representación de 1769)

https://en.wikipedia.org/wiki/Joseph_II,_Holy_Roman_Emperor#/media/File:Joseph2pflug_1799.jpg

Carlos VI descuidó el imperio y lo dejó con un ejército débil y una tesorería aún más débil. Fue esta debilidad de los Habsburgo la que llevó a Francia, Prusia, Sajonia y Baviera a repudiar la Pragmática Sanción tras su muerte en 1740. Prusia actuó primero e invadió

Silesia el 16 de diciembre, arrebatándosela a Austria. Esta pérdida fue grande para los Habsburgo, que finalmente se dieron cuenta de que era necesario un cambio profundo en el gobierno dinástico de sus tierras. La Pragmática Sanción no pudo preservar la integridad de las tierras dinásticas, pero María Teresa tuvo que asegurar primero su sucesión. Comenzó la guerra de sucesión austriaca (1740- 1748). Mientras sus enemigos trazaban planes para repartirse Austria una vez que se deshicieran de María, ella consiguió ganar apoyos en Hungría. Esto le permitió disponer de un ejército preparado para enfrentarse a todos sus enemigos. Sin embargo, este ejército no fue suficiente y, en 1741, perdió Bohemia a manos del príncipe elector bávaro Carlos Alberto. Este fue proclamado emperador del Sacro Imperio Romano Germánico, y gobernó como Carlos VII (1742- 1745), aplastando los sueños de María Teresa de convertirse en la primera emperatriz del Sacro Imperio Romano Germánico.

Pero María fue persistente y lanzó una campaña de invierno contra sus enemigos. El mismo día de la ceremonia de coronación de Carlos, las fuerzas austrohúngaras entraron en Múnich, su capital. Fue un ataque por sorpresa, y las tropas austriacas pudieron ocupar la mayor parte de Baviera. Bohemia fue la siguiente, y cayó en diciembre de 1742.

Carlos VII demostró ser un emperador ineficaz, y no pudo evitar que María Teresa retomara los territorios austríacos. Y aunque Prusia había firmado un tratado de paz con Austria a principios de 1742, se puso nerviosa en 1743 cuando María Teresa empujó su ejército hacia el Rin. Prusia invadió Bohemia y, en 1744, saqueó Praga. Carlos VII murió en enero de 1745, echando por tierra los planes franceses de derrotar a la reina austrohúngara y dividir los territorios de los Habsburgo, pero siguieron luchando durante tres años más.

Francisco Esteban, marido de María Teresa, fue elegido el próximo emperador del Sacro Imperio Romano Germánico, pero para conseguirlo, María tuvo que reconocer la pérdida de Silesia a manos de Prusia. La guerra terminó con el Tratado de Aquisgrán (también conocido como Tratado de Aix-la-Chapelle), que se firmó el 18 de octubre de 1748. El tratado reconocía a Silesia como parte de Prusia, y María Teresa tenía que ceder el Ducado de Parma a España y los Países Bajos austríacos a Francia. Sin embargo, el rey Luis XV de Francia quiso poner fin a la animosidad entre Francia y Austria, y devolvió los Países Bajos a María.

La razón se impone en Austria

Cuando Francisco Esteban de Lorena fue elegido emperador del Sacro Imperio Romano Germánico, todas las tierras tradicionales de los Habsburgo fueron devueltas a la dinastía, excepto algunos pequeños territorios en Italia y Silesia, que habían sido conquistados por Prusia. Federico II de Prusia también tomó el condado bohemio de Kłodzko. María Teresa lo consideraba su enemigo personal. Incluso le llamó "hombre malvado". Silesia era una de las regiones más ricas de Austria, muy industrializada y con un comercio desarrollado. Silesia era también un territorio muy extenso que actuaba como zona de amortiguación para el corazón de Austria. Personalmente, María Teresa veía la pérdida de Silesia como un golpe a su prestigio, y estaba decidida a revertirlo con reformas radicales.

Introdujo reformas ilustradas en Austria, pero era una tradicionalista y, en muchos aspectos, gobernó al estilo de sus predecesores. Su madre era protestante, pero María era una ferviente católica, y no sentía ningún amor por las sectas religiosas presentes en el imperio. María Teresa estaba decidida a desterrar a todos los protestantes de las tierras hereditarias de los Habsburgo, y empezaron a escapar a Transilvania. Aunque los protestantes no estaban a salvo ni siquiera tan lejos, empezaron a practicar su fe en secreto mientras decían abiertamente que se habían convertido al catolicismo. Esta fue una práctica protestante que comenzó en el Imperio de los Habsburgo, pero se extendió a otras partes del mundo donde los protestantes eran perseguidos.

Sin embargo, María Teresa era consciente de que debía aprender a tolerar a los empresarios y financieros protestantes porque quería deshacerse de los banqueros judíos de su padre. María odiaba a los judíos, y en 1744 expulsó a todos los judíos de Praga y, en los años siguientes, de toda Bohemia. Varias potencias europeas intervinieron, especialmente los británicos, y en 1748 se revocó la orden de expulsión. Pero nada pudo detener el odio de María hacia los judíos, e incluso los llamó abiertamente "raza de la peste".

María era definitivamente obstinada en el tipo de gobierno tradicional que provenía de la era barroca, pero también mostró una notable capacidad para abrir su mente a enfoques novedosos de gobierno. Pero la Ilustración fue un periodo de cambio en toda Europa, y el tradicional Imperio de los Habsburgo necesitaba adaptarse a estas nuevas circunstancias o perecer en el pasado. La emperatriz también estaba dispuesta a hacer cualquier cosa para devolver a la dinastía de los Habsburgo el prestigio y el poder que tuvo en su día. Permitió la entrada de asesores de baja cuna en su corte y escuchó sus ideas para reformar la administración y las estructuras financieras del imperio.

Friedrich Wilhelm von Haugwitz, uno de los principales asesores de María, dirigió la primera oleada de reformas. La administración prusiana de Silesia resultó ser muy exitosa, y Haugwitz quiso emularla. En 1746 creó el *Directorium in publicis et cameralibus*, que supervisaba los cambios económicos en todas las tierras de la monarquía de los Habsburgo y sugería cambios donde fueran necesarios. Los resultados fueron buenos y, en 1749, Haugwitz fue nombrado jefe del *Directorium*, el nuevo organismo administrativo central. Este sistema económico supuso una centralización radical. Antes de él, los Habsburgo dejaban en manos de la nobleza local las disposiciones locales en materia de financiación. Esta nobleza se convirtió en una nueva clase de funcionarios del gobierno. En 1760, su número había aumentado a diez mil, y debían supervisar las actividades económicas del Estado. Si los ingresos resultaban insuficientes en una determinada región, el monarca intervenía. Pero no todas las regiones de Austria sufrieron este cambio económico. Lombardía, los Países Bajos austríacos y Hungría quedaron excluidos porque sus señores locales se negaron a formar parte de ese sistema. Haugwitz estaba en contra de la coacción, por lo que la centralización se concentró sobre todo en las tierras hereditarias de los Habsburgo y en las tierras de la corona de Bohemia.

La revolución diplomática también tuvo lugar durante el gobierno de María Teresa. María Teresa no estaba satisfecha con los británicos como aliados, por lo que recurrió a Francia. En ese momento, Prusia se convirtió en la mayor amenaza militar de Europa, mientras que el poder francés disminuía debido a la incapacidad del rey Luis XV. Sin embargo, Francia seguía siendo lo suficientemente fuerte como para ser una fuerza decisiva para dominar a Prusia. En mayo de 1756 se firmó el Primer Tratado de Versalles, y comenzó la alianza franco-austriaca. Ambos países prometieron que se ayudarían mutuamente si eran atacados por Prusia o Gran Bretaña. Prusia quería dominar mayores territorios, por lo que Federico II se alió con Gran Bretaña. En ese momento, Gran Bretaña rivalizaba con Francia por la superioridad mundial y se lanzó de inmediato a la consiguiente guerra de los Siete Años (1756- 1763). Prusia fue la primera en atacar, con Federico invadiendo Sajonia en agosto de 1756. Francia respondió a esta agresión, y pronto se sumaron Suecia y Rusia, así como el Sacro Imperio Romano Germánico. La guerra de los Siete Años fue un conflicto que se inició debido a las cuestiones no resueltas que quedaron tras la guerra de sucesión austriaca, y en ella participaron todas las grandes potencias europeas.

María Teresa fue demasiado cauta, y no quiso arriesgarse a la derrota, ya que supondría más golpes al prestigio de los Habsburgo. Pero su cautela fue contraproducente y Austria no consiguió ninguna victoria importante sobre Prusia. Austria consiguió ocupar Berlín en dos ocasiones, pero Federico sobrevivió en ambas, lo que le permitió reunir sus ejércitos y retomarla. Mientras tanto, Francia y Gran

Bretaña luchaban, sobre todo en sus colonias de ultramar. Debido a la política francesa de hacer que las colonias se defendieran por sí mismas, sin siquiera ayuda financiera de la madre patria, y debido a la superioridad de la armada británica, Francia sufrió aplastantes derrotas en ultramar. El entusiasmo francés por la guerra disminuyó rápidamente, pero fueron los acontecimientos en Rusia los que sellaron el destino de Austria. El nuevo zar, Pedro III, admiraba mucho a Prusia, y no quería luchar contra Federico. Rusia se puso del lado de Prusia, pero en 1762, Pedro III fue asesinado y la emperatriz Catalina II (más conocida como Catalina la Grande) optó por la neutralidad. Ese mismo año, España (del lado austríaco) y Portugal (del lado británico) se unieron al conflicto, pero ninguno de los dos ganó territorio, aunque los combates fueron muy sangrientos.

Francia se retiró primero de la guerra. Habiendo perdido todas las batallas en las colonias americanas e indias, ya no tenía suficientes ingresos para mantener su ejército. Luis XV hizo la paz con Federico II. Sin sus aliados, Austria no pudo conseguir mucho, y María aceptó la verdad de que nunca recuperaría Silesia. Sin embargo, los otros logros obtenidos por Austria fueron suficientes para demostrar que los Habsburgo volvían a ser una fuerza importante en Europa. La Paz de Hubertusburg se firmó en 1763, poniendo fin a la guerra de los Siete Años.

El conflicto no cambió la configuración de Europa de manera significativa. Fue un empate entre Prusia y Austria. Sin embargo, el fracaso de la guerra llevó a los Habsburgo austríacos a replantearse la forma de gobernar sus tierras. El *Directorium* se reconvirtió en la Cancillería Unida de Austria y Bohemia, con Wenzel Anton Kaunitz a la cabeza. Se convirtió en la principal figura de la política austriaca y en uno de los principales asesores de María Teresa. Kaunitz siguió la política de la Ilustración aristocrática y redujo la centralización de Haigwitz, permitiendo a la nobleza local más libertades financieras. Defendió la educación para todos y la imposición de impuestos a la iglesia.

Con la muerte del marido de María, José, en 1765, María Teresa convirtió a su hijo mayor, también llamado José, en su cogobernante. José II se convirtió en el emperador del Sacro Imperio Romano Germánico, y María se retiró completamente de la vida pública para llorar a su marido en soledad. Sin embargo, siguió siendo el motor del emperador. José II demostró ser un verdadero representante del gobernante de la Ilustración. Quería cambiar el imperio, y lo quería rápidamente. Durante su vida, trabajó incansablemente, junto con Kaunitz, para reformar la administración, la religión, el derecho, la medicina, la educación y la política exterior del imperio. Sin embargo, su afán resultó ser demasiado para Kaunitz, y ambos discutían a menudo.

Como cogobernante, a José se le permitió ocuparse de la política exterior, en la que destacó. Junto con Kaunitz, abordó una vía de reconciliación para el problema de la animosidad prusiana. María Teresa se opuso porque odiaba abiertamente a Federico II. No obstante, la implicación de José en la política exterior condujo a la Primera Partición de Polonia en 1772. Austria obtuvo Galitzia y 2,6 millones de nuevos súbditos. En 1775, José volvió a emplear sus habilidades diplomáticas y adquirió la región de Bucovina (ahora en Rumanía) a los turcos sin tener que iniciar un conflicto. Pero José no tuvo tanto éxito cuando intentó cambiar Baviera por los Países Bajos austríacos, lo que provocó el inicio de la guerra de sucesión bávara (1778- 1779). Austria no ganó casi nada con esta guerra.

Aun así, José II es recordado como un verdadero gobernante ilustrado por sus asuntos internos. Aunque era católico, se esforzó por convertir a Austria en una monarquía laica, en la que el gobierno asumiera el control total de los asuntos eclesiásticos. José se preocupaba sobre todo por la gente de su reino, y a menudo viajaba por Austria de incógnito, reuniéndose con los plebeyos e incluso trabajando en los campos con ellos para conocer el verdadero estado de la sociedad de la que era responsable. Esto creó la leyenda de que era "el emperador del pueblo". Su devoción al pueblo y al Estado era sincera, y estaba dispuesto a sacrificar sus intereses personales por el bien del pueblo. Creía realmente en las perspectivas del contrato social entre el pueblo y su monarca.

El enfoque ilustrado que José II tenía de la gobernanza fue denominado posteriormente josefinismo. Consiguió convertir a Viena en el centro europeo de la Ilustración y en una de las mayores ciudades, con más de 200.000 ciudadanos. La vida intelectual y cultural de la ciudad, así como su industrialización, comenzaron a florecer. Se creó una escuela de medicina y se abrieron muchos hospitales nuevos.

El ambiente en las tierras de los Habsburgo, una vez que José obtuvo el dominio único en 1780, era optimista. Ahora que María Teresa había muerto, su hijo era libre de implementar todos los cambios que quisiera. Su primer acto como único gobernante fue traer la libertad de expresión a los Habsburgo, liberando a la prensa de la censura. En 1781 y 1782 promulgó los Edictos de Tolerancia para los judíos de Bohemia y Moravia, respectivamente. Estos edictos fueron seguidos por otros similares en otros territorios de los Habsburgo en los años siguientes. Sin embargo, José nunca se atrevió a permitir que los judíos se establecieran en las tierras hereditarias de los Habsburgo, aunque eliminó los impuestos opresivos sobre los judíos que tenían sus negocios allí.

En 1781 y 1782, el emperador liberó a los campesinos aboliendo la servidumbre personal. Esto trajo consigo muchos cambios agrarios, que también aportaron nuevas perspectivas al imperio. Los cambios que José II llevó a cabo tuvieron éxito al principio, pero no aportaron mucha libertad a sus súbditos. Aunque José era un autócrata ilustrado, se consideraba un gobernante absoluto, como todos sus predecesores de los Habsburgo. Creía saber lo que era mejor para su pueblo, pero la autocracia heredada de los Habsburgo no se ajustaba a las reformas que pretendía aplicar. La abolición total de la censura de prensa provocó muchas críticas a su gobierno, y los nobles y funcionarios eclesiásticos amenazaron con una sublevación. José se vio obligado a restablecer la censura total para evitar una revolución, pero no pudo detener la crisis que surgió en diferentes partes de su imperio.

Bélgica se resistió a los cambios administrativos y, a su vez, el emperador suprimió su constitución tradicional. Esto condujo a la Revolución belga (también conocida como la Revolución de Brabante) en 1789. Hungría siguió la tendencia revolucionaria una vez que José intentó implantar allí un sistema fiscal diferente.

Aparte de la crisis interna, José II también tuvo que lidiar con una nueva guerra con los otomanos que había comenzado debido al fracaso de su política exterior. La guerra comenzó en 1788, y José dirigió personalmente su ejército, y fue en el campo de batalla donde contrajo por primera vez la tuberculosis, que resultaría mortal. En 1789, Prusia se alió con los rebeldes turcos, belgas y húngaros en un intento de explotar la debilidad personal de José. Desesperado, en 1790, José revocó todas las reformas realizadas en Hungría para apaciguar a los nobles locales, pero no consiguió evitar la guerra ni solucionar las revoluciones en Bélgica y Hungría. El 20 de febrero de 1790, murió de la enfermedad que le había torturado durante casi dos años.

El Imperio austríaco

Leopoldo II sucedió a su hermano José II, y aunque él mismo era un gobernante ilustrado, era consciente de que tenía que deshacer muchas de las reformas de José para asegurar la paz. En julio de 1790, firmó la paz con Prusia, lo que le aseguró el título de emperador del Sacro Imperio. Pronto, hizo la paz con Turquía, e hizo muchas concesiones a la tradición para apaciguar a Bélgica y Hungría. Sin embargo, consiguió preservar las reformas educativas y religiosas, que permanecieron bajo el control del Estado.

Es notable lo que consiguió Leopoldo, sobre todo porque fue en un plazo muy corto, pero sus hazañas se vieron ensombrecidas por los acontecimientos en Francia. Los Habsburgo tenían un vínculo con la familia real francesa, ya que la hermana de Leopoldo, María Antonieta, estaba casada con el rey Luis XVI. Leopoldo estaba dispuesto a llegar a un compromiso con los revolucionarios franceses en 1792, pero antes de que pudiera concretarse, el emperador murió repentinamente el 1 de marzo de ese año. El trono fue sucedido por su hijo, Francisco II, y comenzó una nueva era para la monarquía de los Habsburgo, en la que se hizo imperativa una respuesta a la Revolución francesa.

La Revolución francesa supuso un rechazo racional del pasado y una insistencia en la uniformidad nacional. Como tal, era una amenaza para el dominio dinástico de los Habsburgo, ya que se oponía a todas las ideas que la revolución promovía. Un estado moderno basado en la nación era imposible en Austria, ya que era un régimen paraguas que gobernaba muchas etnias. Si la monarquía caía, no habría más unidad de los Habsburgo, ya que cada región exigiría el autogobierno. No era el momento de promover cambios radicales, sino de refugiarse en la comodidad del absolutismo y el derecho divino de los Habsburgo. Leopoldo tuvo que abandonar sus esfuerzos por basar su autoridad en la modernidad y la capacidad de servir al pueblo. Y aunque la vuelta al régimen que gobernaba Austria en la época barroca sirvió a Leopoldo durante algunas décadas, las ideas revolucionarias de libertad nacional y progreso penetraron en la monarquía de los Habsburgo.

Aunque Francisco II adoptó un enfoque más conservador para gobernar, mantuvo las reformas burocráticas y administrativas aplicadas por José. También promulgó el Código Penal de 1803 y el Código General de Derecho Civil en 1811. Aunque Francisco era un católico conservador, también mantuvo el control del Estado sobre la Iglesia. Todo el mundo esperaba que Francisco siguiera el mismo camino que sus predecesores y aplicara nuevas reformas, pero no fue así. Las ideas revolucionarias francesas llegaron a Austria y, aunque no tuvieron mucho efecto durante los primeros años del reinado de Francisco, provocaron malestar. La conspiración jacobina fue descubierta en 1794 entre los soldados austríacos y húngaros, y sus líderes fueron juzgados inmediatamente. El resultado fue la ejecución de nueve y el encarcelamiento de treinta y un militares. Los jacobinos eran miembros de un partido político francés radical que dominó la política durante la Revolución francesa de 1789.

Cuando Luis XVI fue ejecutado el 21 de enero de 1793, Austria tomó conciencia de la amenaza francesa y de la posibilidad de que su radicalismo se extendiera por Europa. En ese momento, Prusia y Rusia concluyeron la Segunda Partición de Polonia, pero Austria se opuso a esta partición porque Francisco era consciente de que Europa debía permanecer unida para derrotar a Francia. Austria reaccionó primero y, en marzo de 1793, lideró una coalición de muchas monarquías europeas contra Francia. Sin embargo, Prusia y Rusia no formaron parte de la alianza. Aunque la campaña fue un éxito para la coalición, las autoridades revolucionarias francesas consiguieron revertir la situación reclutando ejércitos ciudadanos. El éxito militar francés se hizo aún más espantoso cuando María Antonieta fue ejecutada el 16 de octubre de 1793. Para la clase dirigente de la élite europea, parecía que los franceses no se detendrían ante nada para deshacerse de ellos. A finales de 1794, los franceses tomaron la orilla izquierda del Rin y toda la República Holandesa.

Un año después, Austria, Prusia y Rusia concluyeron la Tercera Partición de Polonia, que puso fin a la soberanía nacional de Polonia y Lituania. La disolución de uno de los principales estados históricos de Europa central quedó eclipsada por los acontecimientos de la Revolución francesa, y salvo pequeños levantamientos desorganizados en los años siguientes, no hubo reacción alguna a la partición. Aun así, los polacos emigraron en masa, y muchos de ellos se alistaron en el ejército revolucionario de Francia para poder luchar contra Austria y los Habsburgo con el fin de satisfacer su necesidad personal de venganza.

La guerra entre Francia y la coalición continuó, y Austria sufrió muchas pérdidas. En 1801, firmó el humillante Tratado de Lunéville, que marcó el nuevo declive de los Habsburgo. Esto se confirmó en

1804 cuando Napoleón Bonaparte se proclamó emperador de Francia. Esto supuso un desafío directo al poder y al prestigio de los Habsburgo. En ese momento, el título de emperador del Sacro Imperio Romano Germánico ya no parecía garantizado para los descendientes de los Habsburgo. Además, la propia supervivencia del imperio era cuestionable. Debido a esta inseguridad en el imperio y como respuesta a Napoleón, Francisco II se autoproclamó Francisco I de Austria, gobernante de la Austria hereditaria de los Habsburgo, el 11 de agosto de 1804.

Pero este nuevo título que asumió no creó un Imperio austríaco unido. En cambio, se refería a todas las tierras que los Habsburgo gobernaban, aunque los territorios conservaban sus gobiernos y constituciones originales, que a menudo diferían entre sí. Sin embargo, el Sacro Imperio Romano Germánico seguía existiendo y el Imperio austríaco basaba sus emblemas y símbolos en el Sacro Imperio Romano Germánico, lo que demostraba que el nuevo título imperial que tomó Francisco se basaba en la existencia del antiguo imperio. Sus colores eran los mismos, amarillo y negro, y ambos tenían un águila bicéfala. Francisco gobernó como Francisco I de Austria y como Francisco II del Sacro Imperio Romano Germánico. Pero el hecho de que sintiera la necesidad de asumir un nuevo título solo demuestra que el imperio tradicional estaba cambiando, y que Francisco no podía hacer otra cosa que asegurar las tierras hereditarias para sus descendientes.

La guerra de la Tercera Coalición de 1805 confirmó la superioridad francesa. Napoleón entró en Viena el 14 de noviembre y en diciembre puso fin a la guerra con una aplastante victoria en Austerlitz. Se firmó la Paz de Presburgo, y aunque Austria ganó Salzburgo, perdió el Tirol, Vorarlberg y la Suabia de los Habsburgo. Cuando Napoleón estructuró la Confederación del Rin en 1806, sustituyó de hecho al Sacro Imperio Romano. El 6 de agosto, Francisco II abdicó formalmente del cargo de emperador del Sacro Imperio y declaró la disolución del mismo. En 1806, Francia derrotó a Prusia y Napoleón afirmó su dominio sobre Europa. Los Habsburgo tuvieron que encontrar su lugar en un mundo que había abandonado la mayoría de las instituciones y la autoridad imperial tradicional.

Además, Austria ya no era totalmente independiente y tenía que cumplir las órdenes de Francia. En 1818, los Habsburgo se vieron obligados a unirse al bloqueo económico de Napoleón sobre Gran Bretaña, lo que tuvo resultados mixtos para Austria. La industria textil floreció debido al aumento de la demanda, pero los precios inflados que siguieron trajeron la pobreza a sus ciudadanos. Sin embargo, los campesinos estaban contentos porque la producción de alimentos aumentó para satisfacer la demanda del ejército.

Fue en este momento cuando comenzó la idea del patriotismo y el nacionalismo austríacos. En 1805, un nuevo ministro de Asuntos Exteriores, Johann Philipp Stadion, convenció a Francisco I de que la mejor manera de enfrentarse a Francia y a Napoleón sería iniciar un levantamiento. Tenía la idea de reunir una nación y deshacerse del yugo francés. Pero Stadion no logró definir la nación austriaca, ya que el imperio estaba poblado por muchos grupos étnicos diversos. Stadion era suabo, alemán, y aludió a que los austríacos de habla alemana serían los que mejor recibirían la idea del nacionalismo. Comenzó a trabajar estrechamente con escritores de propaganda, como Friedrich Schlegel, para dar forma a los mensajes que inspirarían el nacionalismo. Pero la reacción de la población no fue abrazar el nacionalismo, sino más bien el patriotismo. Después de todo, muchas etnias diferentes de Austria compartían la misma historia y se sentían obligadas a unirse contra su enemigo común: Francia. Se introdujeron reformas militares y, a finales de 1808, Austria contaba con 700.000 soldados dispuestos a defender el país, así como 300.000 más que estaban disponibles para campañas fuera de las fronteras austriacas. Sin embargo, las reformas aún no se habían completado cuando Austria decidió declarar la guerra en

1809. Y el Imperio de los Habsburgo estaba solo contra Francia, ya que Francisco I no había conseguido otra coalición.

La campaña austriaca fue un desastre, pero el archiduque Carlos de Austria consiguió infligir la primera derrota a Napoleón. A pesar del éxito austríaco, Napoleón volvió a ocupar Viena, y en julio obtuvo una victoria decisiva en Wagram, dejando a Austria a su merced. El Tratado de Schönbrunn, firmado el 14 de octubre de 1809, redujo a Austria a un estado satélite francés. Napoleón estaba en condiciones de hacer lo que quisiera con Austria y los Habsburgo. Sin embargo, sus asesores le convencieron de que, si el mundo civilizado iba a sobrevivir, Austria debía hacerlo. En su lugar, Napoleón se dio por satisfecho eliminando los territorios austríacos exteriores y convirtiendo el imperio en un estado sin salida al mar con una fuerza militar limitada, lo que garantizó que Austria no volviera a suponer una amenaza para Francia.

Francisco I se sintió humillado y culpó a las reformas de la debacle. Destituyó a Stadion y puso en su lugar a Klemens von Metternich. Metternich era un hombre ilustrado que creía en las reformas, pero su obediencia a su emperador era su rasgo más apreciado. Llevó a cabo sofisticados esfuerzos diplomáticos que iban a propiciar una reconciliación entre Austria y Francia. Dejó de lado las ideas patrióticas de Stadion y trabajó en el matrimonio entre Napoleón Bonaparte y María Luisa, la hija de Francisco I. Metternich tuvo éxito, y el matrimonio se celebró el 11 de marzo de 1810. Un año más tarde, María Luisa tuvo un hijo, lo que no hizo sino consolidar la alianza con Francia. Esto llegó en el momento justo, ya que, en ese año, Austria se vio obligada a declararse en bancarrota debido a los gastos de guerra, la ocupación francesa y la indemnización de guerra que tuvo que pagar.

Como Estado satélite de Francia, Austria se vio obligada a unirse a la campaña rusa de Napoleón en 1812. Pero Napoleón perdió, y su derrota reorganizó el equilibrio de poder europeo. Esto supuso un nuevo panorama para Austria, pero Metternich tardó en reaccionar.

En lugar de unirse inmediatamente a la alianza contra Francia, Austria dudó y se ofreció como mediador neutral. Sin embargo, en 1813, no hubo más remedio que unirse a la Cuarta Coalición contra Napoleón. En mayo de 1814, Francia fue derrotada y, gracias a la diplomacia de Metternich y a la buena fortuna, Austria acabó en el bando ganador.

Cuando el Congreso de Viena terminó el 9 de junio de 1815, Rusia y Prusia tenían las mayores ganancias territoriales. Las ganancias austriacas fueron modestas, pero fueron significativas en este momento de la historia porque al cambiar Bélgica y la Suabia de los Habsburgo por Trento, Brixen, Salzburgo y Venecia, Austria se convirtió en un bloque territorial contiguo. El Sacro Imperio Romano Germánico no resucitó, pero Austria se convirtió en el líder de la nueva Confederación Alemana, a pesar de que Prusia era la opción más poderosa. Pero el Congreso de Viena no restableció la antigua autoridad de los Habsburgo en Austria, y no se permitió el regreso del régimen. Francisco I se negó a adaptarse al nuevo orden mundial, y Metternich tuvo que esforzarse por apagar cualquier posible revolución dentro del imperio.

Europa se apresuró a adoptar el cambio económico y social, pero Austria se mantuvo obstinadamente fiel al imperialismo. El restablecimiento del antiguo régimen dinástico significaba que el sistema austriaco acabaría derrumbándose.

Capítulo 7: La Austria revolucionaria y la monarquía dual

Escudo austro-húngaro (1867-1915)

https://en.wikipedia.org/wiki/Austria-Hungary#/media/File:Imperial_Coat_of_Arms_of_the_Empire_of_Austria.svg

Tras las guerras napoleónicas, el nacionalismo y el liberalismo estaban en auge en toda Europa. Pero en el Imperio austríaco, Francisco I no permitía cambios sociales o políticos. Siguió gobernando como un absolutista, a pesar de ser el menos eficiente de todos los Habsburgo anteriores. Hubo algunas reformas, pero no fueron suficientes para apaciguar a las masas que exigían cambios. En 1816 se abrió el banco nacional con la esperanza de que Austria pudiera recuperarse tras su bancarrota en 1811. Sin embargo, no hubo reformas fiscales y la aristocracia fue la que menos impuestos pagó. La carga recayó en los plebeyos, y se dejó que cada provincia gestionara sus impuestos mientras los pagara a los Habsburgo gobernantes. El resultado fue un ejército infradotado, lo que influyó directamente en lo que se podía conseguir en el ámbito diplomático.

Francisco I murió en 1835, y Austria se vio abocada a recorrer la escena política europea sin un sentido de propósito o dirección. Debido a los valores tradicionales de los Habsburgo, el trono fue sucedido por Fernando I, el hijo mayor de Francisco I. Sin embargo, Fernando I era mentalmente incapaz de gobernar un imperio, por lo que su tío, el archiduque Luis, actuó como su principal consejero. Como resultado de este inestable gobierno, el estancamiento cultural, político y social de Austria continuó.

Sin embargo, aunque no lograba alcanzar a Occidente, la economía austríaca progresaba. Las provincias del norte fueron las primeras en ver la industrialización, siendo el sector textil el de mayor crecimiento. Sin embargo, otras provincias del imperio se quedaron muy rezagadas, y en Hungría la industrialización fue escasa o nula. Bohemia y Moravia contaban con una industria del hierro de rápido crecimiento, y el imperio introdujo máquinas de vapor para el transporte y la comunicación. En 1838 se inauguró la primera compañía ferroviaria real, el Ferrocarril del Norte del Emperador Fernando (*Kaiser Ferdinands-Nordbahn*), que estableció una conexión entre Viena y las minas de Cracovia y Bochnia.

Dentro de Austria, las relaciones de los numerosos grupos étnicos que la habitaban eran muy diversas. Los judíos seguían teniendo prohibido establecerse en Viena, aunque el gobierno corrupto permitía su presencia no oficial. En Bohemia, seguían oprimidos por leyes obreras injustas, y eran ilegales en muchas partes de Austria. Sin embargo, su número no dejaba de aumentar y, en 1848, se contaban por miles, aunque solo en Viena. El nacionalismo penetraba en las fronteras austriacas, y el Estado no podía hacer otra cosa que permitir a sus minorías investigar sus culturas nacionales. Se suprimió la actividad política de los grupos étnicos, pero se les permitió practicar su cultura. Sin embargo, el nacionalismo cultural derivó en nacionalismo político, y los intelectuales y la aristocracia comenzaron a discutir sus derechos históricos étnicos. En Hungría, el nacionalismo lingüístico y cultural magiar alcanzó su punto álgido con el impulso político para restaurar los derechos húngaros. Como respuesta, Austria empezó a hacer hincapié en su herencia alemana y el gobierno prohibió el uso de las lenguas étnicas en la administración oficial del Estado.

Austria nunca tuvo una sociedad civil fuerte y centralizada, y cada región empezó a desarrollar su conciencia social de forma independiente. Por ello, la vida política de las distintas provincias se desarrolló por separado. Pero esto no fue fatal para el Imperio austríaco porque el Estado consiguió plantar la idea del principio supranacional, un Estado capaz de afirmar su autoridad sobre todas las naciones que lo componen. Sin embargo, la única excusa de los Habsburgo para afirmar su autoridad por encima de todas las naciones de Austria era su derecho divino a gobernar. En la Europa del siglo XIX anterior a la revolución, esta excusa no era suficiente.

La revolución y el progreso

El 13 de marzo de 1848, un grupo de estudiantes se dirigió a la Dieta de la Baja Austria para presentar una petición de reforma. Protestaron en las calles de Viena, pero la revolución comenzó cuando las tropas dispararon contra la multitud, matando a cinco personas. Comienzan los disturbios masivos y, al anochecer del mismo día, la Dieta de la Baja Austria exige la dimisión de Metternich. El 15 de marzo se prometió una constitución al pueblo amotinado.

El descontento se había ido acumulando en Austria durante mucho tiempo, por lo que la revolución de marzo no surgió de la nada. Tras el Congreso de Viena de 1815, el Imperio austríaco se alejó de la Ilustración y de las reformas, lo que provocó un aumento de las tensiones sociales y políticas. Pero la causa más directa del estallido de violencia fue la crisis económica y el hambre que afectaron a toda Europa entre 1845 y 1847. Los primeros disturbios comenzaron en París, donde Luis Felipe I había abdicado. Otros estados europeos vieron el poder de las revoluciones y empezaron a extenderse como un reguero de pólvora por todo el continente.

Los sucesos de Viena desencadenaron revoluciones secundarias en diferentes partes del imperio. Fueron de carácter "nacional", ya que los diferentes grupos étnicos comenzaron a exigir sus derechos nacionales. Poco a poco, Europa empezó a tomar la forma de un mosaico de estados constitucionales autónomos. Y la gente se sorprendió de lo poderosas y motivadoras que eran las ideas de reforma. El sentimiento de optimismo eufórico se apoderó de todos a medida que las ideas se extendían, sobre todo gracias a los rápidos sistemas de comunicación establecidos por la industrialización de los estados europeos. La censura de la prensa era débil, aunque existía, y permitió que Austria se enterara del éxito de la Revolución francesa de 1848 en pocas horas. Y después del 15 de marzo, todo el mundo se sintió lo suficientemente seguro como para actuar inmediatamente. Los rabinos judíos exigieron el entierro de las víctimas del 13 de marzo, y los polacos de Viena izaron su bandera junto a la negra, roja y dorada alemana.

La gente estaba llena de esperanza, pero nadie sabía cómo convertir esas esperanzas en realidad. Todavía no había banderas de otras nacionalidades que vivieran en el imperio y, debido al nacionalismo alemán, Austria utilizaba la bandera alemana. El Parlamento de Fráncfort eligió al archiduque Juan de la Casa de Habsburgo como regente de Alemania, pero no había instrucciones claras sobre qué parte de los territorios de los Habsburgo debía incluirse en la nueva Alemania constitucional. ¿Debía Galitzia seguir siendo alemana o debía formar parte de la recién reconstruida Polonia? ¿Se admitiría a Hungría en el Estado constitucional o se abandonaría? Muchas preguntas como estas quedaron sin respuesta. Los líderes checos se negaron a unirse a la Alemania constitucional porque Bohemia siempre había sido una monarquía por sí misma.

Había muchas "naciones sin historia", grupos étnicos que habitaban los territorios de los Habsburgo pero que nunca desarrollaron su alta sociedad y cultura. Los aristócratas austríacos, polacos y húngaros los consideraron siempre como campesinos. Entre ellos estaban los eslavos del sur, los rumanos de Transilvania, los ucranianos y los sajones, aunque había muchos otros. Estos grupos de población no tenían historia de Estado en los territorios gobernados por los Habsburgo. Estos pueblos "no históricos" tenían sus propios líderes revolucionarios, pero no estaban dispuestos a confiar en la generosidad de sus homólogos "históricos" y querían luchar por sus propios derechos. Algunos de ellos consideraban que Austria, sin Alemania, era la solución perfecta para unir a estas naciones no históricas. Muchos de ellos eran eslavos y no podían imaginarse perteneciendo al mundo alemán. El líder checo František Palacký inventó el austroeslavismo, un estado con mayoría eslava gobernado por Austria en lugar de Alemania.

Pero como no había unidad entre las numerosas naciones de Austria, las revoluciones de 1848 se vinieron abajo. La multiplicidad de etnias y la incapacidad de las distintas naciones para trabajar juntas y exigir las mismas libertades liberales y nacionales hicieron que las revoluciones se extinguieran sin que se produjeran grandes avances a nivel estatal. La ideología insurgente era imposible de mantener en Austria porque provocaba un conflicto de intereses entre las diferentes etnias. Una vez que las autoridades austríacas tomaron el control de la situación, fue muy fácil explotar la división entre las naciones para reafirmar el poder.

La clave para ello era el ejército, ya que los Habsburgo seguían teniendo un ejército superior. Los Habsburgo enviaron sus tropas para aplastar la revuelta de Praga, donde lucharon los nacionalistas alemanes y checos. El Congreso Eslavo de Praga, reunido en junio de 1848, se disolvió y los alemanes celebraron su victoria. Sin embargo, lo celebraron prematuramente; como los Habsburgo no querían que surgiera el nacionalismo, su ejército estaba preparado para atacar también a los alemanes. Utilizando su ejército, los Habsburgo renovaron fácilmente su autoridad en toda Austria.

El 22 de julio de 1848 se reunió en Viena el Parlamento austríaco, el Reichstag, o cámara baja (opuesta al Reichsrat, la cámara alta). Contaba con 383 diputados que representaban a todo el imperio, excepto a Hungría. Casi la mitad eran eslavos, con 109 representantes. El 7 de septiembre aprobaron un importante acto legislativo que aseguraba la plena emancipación de los campesinos. Aunque este logro fue resultado de la revolución, no vino sin un inconveniente. El campesinado emancipado ya no podría unirse y participar en el conflicto entre la monarquía y las fuerzas revolucionarias.

En Hungría, la revolución dio lugar a reformas inmediatas, y las Leyes de Abril cambiaron la economía, así como la vida política y social. A la corte imperial le costó aceptar las exigencias húngaras, pero realmente no tenía otra opción. Los húngaros establecieron limitaciones a la participación política de las minorías que vivían en sus territorios, como los croatas, los serbios y los rumanos. El ban (gobernante local) croata Josip Jelačić, que se puso del lado del gobierno austríaco, se negó a abandonar su cargo cuando el recién formado gobierno húngaro lo destituyó. La guerra civil amenazaba con estallar, pero Viena actuó y ordenó al gobierno húngaro que abandonara sus planes de levantar un ejército. Jelačić aprovechó la oportunidad y atacó primero, sin esperar la aprobación imperial. Este conflicto provocó más revueltas en Austria, ya que los ciudadanos de Viena temían ser enviados a unirse al ejército. Persiguieron a la familia real hasta Olmütz, y algunos de los parlamentarios del Reichstag tuvieron que huir a Brünn. La segunda revolución en Austria fue aplastada por Ban Jelačić y sus tropas, y se produjo la ejecución de los líderes de la revolución.

Los Habsburgo celebraron su triunfo, pero Fernando fue convencido de abdicar el 2 de diciembre de 1848 y fue sustituido por su sobrino Francisco José. La opinión pública lo vio como la voluntad de los Habsburgo de reformar el imperio, pero en realidad no eran más que las especulaciones del príncipe Félix de Schwarzenberg, el ministro-presidente austríaco, que rápidamente formó un nuevo gobierno con políticos conservadores. Francisco José estaba decidido a implementar cambios en su imperio, pero como todos los Habsburgo antes que él, era un absolutista. Con el uso del ejército, Francisco José destituyó al parlamento y la constitución en la que estaban trabajando. La constitución disuelta debía servir de compromiso entre los centralistas de habla alemana y los eslavos que querían una federación dentro del imperio. El parlamento planeaba aprobar la constitución el 15 de marzo de 1849, y en ella proclamarían la igualdad de derechos para todos los ciudadanos del imperio, así como la división de las provincias por líneas étnicas. Esta era una forma sutil de resolver el problema de la nacionalidad, y la destrucción de la constitución dejó sin resolver la cuestión de las nacionalidades dentro del imperio durante otras dos décadas. Dos décadas fueron más que suficientes para que las actitudes se endurecieran de tal manera que ningún compromiso pudiera aliviar la tensión.

El nuevo emperador quería preservar la unidad de su reino, y sabía que esto era imposible con la división nacional. Por ello, Francisco José se concentró en restaurar el poder de los Habsburgo, y lo consiguió completamente en 1851. En Italia, las revueltas fueron reprimidas en 1849 y se confirmó la hegemonía de los Habsburgo. La rebelión húngara terminó en agosto del mismo año, con la ayuda del ejército ruso, al que Austria había invitado a intervenir. Así, el fin de la revuelta húngara hizo que Austria tuviera una gran deuda diplomática con Rusia, y también acabó con la completa alienación de los magiares, que se encontraron ocupados por el ejército austríaco.

En Alemania, Prusia asumió el liderazgo en febrero de 1850, pero en noviembre el príncipe Félix de Schwarzenberg consiguió convencer a los prusianos de que abandonaran la unión alemana. El resultado fue la creación de la Confederación Alemana, cuya presidencia recayó en Austria.

Schwarzenberg murió en abril de 1852, y Austria obtuvo un nuevo y más capaz ministro del Interior con Alexander von Bach. Este último era un revolucionario y, gracias a su labor, Austria se convirtió en un país donde todos eran iguales, pero estaban subordinados al emperador. Impulsó la emancipación de los campesinos y la igualdad de todos los ciudadanos del imperio ante la ley. Se abolieron los privilegios fiscales de las familias nobles y todo el imperio pasó a ser dirigido por la burocracia de Viena. Sin embargo, todo el trabajo de la administración estatal debía realizarse en alemán, incluso en las zonas más alejadas del imperio. Estos cambios e innovaciones en la monarquía de los Habsburgo se produjeron con la Patente de Nochevieja (*Silvesterpatent*) de 1851, que fue aprobada por el emperador Francisco José I en, como habrá adivinado, la víspera de Año Nuevo. La única comunidad que quedó fuera de la patente fue la judía, aunque su emancipación llegaría más adelante, una medida que le valdría a Francisco José la reputación de emperador filosemita. Pero durante gran parte de la década de 1850, los judíos no tenían derecho a poseer tierras ni a residir en algunas provincias.

Todos los cambios que implementó Francisco José fueron un avance, pero la constitución aún estaba lejos de realizarse, y el absolutismo con el que gobernó no hizo más que reforzar las críticas al régimen. Pero el mayor problema que tenía Austria no era su política interior. En la política exterior era donde se veía la verdadera debilidad del Imperio de los Habsburgo. Francisco José no confiaba en su absolutismo y no tenía valor para recaudar los impuestos que necesitaba para abastecer al ejército. De hecho, no hubo una reorganización exitosa del ejército, y Austria consiguió gastar todo su presupuesto anual en los tres primeros meses de la crisis de Crimea, que tuvo lugar en 1854.

El zar ruso Nicolás I quería expulsar a Turquía de Europa, e invitó a Austria, como su aliada, a unirse al esfuerzo y compartir el botín. Francisco José se negó, ya que consideraba que la presencia de Turquía en los Balcanes era positiva para su propio imperio, y optó por mantenerse neutral mientras pudiera. Aunque Austria fue neutral, se enemistó con su aliado, Rusia, que perdió la guerra en 1856 y se sintió profundamente humillada. Así, Francisco José se quedó sin aliado cuando, en 1859, Francia y Piamonte orquestaron una guerra con Austria. Solo hicieron falta dos batallas, Magenta y Solferino, para que la guerra franco-austriaca terminara con Austria en el bando perdedor. Una potencia europea bien financiada podría haber superado fácilmente las dos derrotas, pero el absolutismo del Imperio de los Habsburgo, que carecía de financiación, condujo al colapso del régimen.

La derrota militar también dejó al Imperio de los Habsburgo sin Lombardía, su provincia más rica. Los ciudadanos de Austria perdieron por completo la confianza que pudieran tener en el régimen, y Francisco José se vio obligado a abandonar el absolutismo que había perseguido.

Todavía tenía un imperio considerable que gobernar, y tenía que encontrar un nuevo método para hacerlo. Sin embargo, tardaría varios años en volver a poner a Austria en pie. Los banqueros judíos eran ahora la única fuente realista de fondos, lo que significa que ahora estaban en posición de negociar con el emperador. Su postura era clara: sin constitución, no hay dinero. Por eso, en 1860, el emperador empezó a emancipar a los judíos permitiéndoles tener propiedades y concediéndoles la libertad de establecerse en cualquier lugar del imperio.

En Alemania, las ideas liberales de la Constitución se estaban generalizando, y el conservadurismo de Francisco José no podía oponerse. Sin embargo, eso no impidió que el emperador intentara alcanzar una solución conservadora y federalista. El 20 de octubre de 1860 promulgó el Diploma de Octubre, que descentralizaría el imperio y daría a los húngaros su autonomía original. Sin embargo, el Diploma de Octubre encontró resistencia entre los liberales húngaros y alemanes y sus banqueros, que vieron el documento como lo que era: un simulacro de constitución que, en realidad, no cambiaría en absoluto la situación del imperio. Como respuesta, Francisco José contrató a un liberal alemán llamado Anton von Schmerling como primer ministro. Schmerling redactó una Patente de Febrero que declaraba a Austria como un estado centralizado y germano céntrico, pero con libertades parlamentarias y constitucionales para sus ciudadanos.

Aunque los alemanes solo constituían una cuarta parte de los ciudadanos de Austria, ocupaban la mayoría de los escaños del nuevo parlamento imperial. Las funciones del parlamento eran la legislación y la administración, mientras que el ejército y los asuntos exteriores seguían siendo prerrogativa del emperador (aunque el Reichsrat, la cámara alta del parlamento, controlaba el presupuesto de todo). Aunque no era un parlamento completamente constitucional, los liberales lo aceptaban y planeaban mejorarlo con el tiempo. Sin embargo, el parlamento imperial siguió siendo la base del gobierno austríaco hasta 1918.

Schmerling aseguró además el liderazgo austríaco de la Confederación Alemana, que puso a unos setenta millones de personas bajo el control directo del gobernante de los Habsburgo. Durante el Fürstentag de Fráncfort (una asamblea de príncipes imperiales al margen del Reichstag) de 1863, Francisco José celebró su cumpleaños, y todos los monarcas alemanes menos uno estuvo presente. Guillermo I de Prusia y su nuevo primer ministro, Otto von Bismarck, trabajaban para arrebatar a Austria el liderazgo de la Confederación Alemana, y no consideraron oportuno acudir a la celebración de Francisco José. En casa, a los austríacos no les gustaba la política centrada en Alemania de sus líderes, especialmente entre los magiares. Hungría no fue aceptada como parte de la Confederación Alemana, y se inició una revuelta nacional cuando se propuso que parte de Austria se incluyera en Alemania.

En 1864, Francisco José decidió adoptar una postura más conservadora en materia de política interior. Comenzó a negociar con los nobles húngaros y, para llegar a un acuerdo, despidió a Schmerling y suspendió la Patente de Febrero. Pero los acontecimientos fuera del Imperio de los Habsburgo interrumpieron las negociaciones al estallar la guerra entre Prusia y Austria en 1866.

Dos años antes, Bismarck había tendido una trampa a Francisco José I para atraerlo a una guerra que llevaría el dominio prusiano sobre Alemania. Bajo la pretensión de cooperar, Austria se unió a Prusia en un ataque a Dinamarca. Schleswig, de origen alemán, se convirtió en territorio prusiano, asegurando el dominio prusiano sobre el norte de Alemania. Austria recibió Holstein, pero ambos territorios quedarían bajo la administración conjunta austro-prusiana. Bismarck aprovechó la oportunidad para protestar contra el gobierno austríaco de Holstein e iniciar la guerra austro-prusiana, que duró poco más de un mes. Prusia se alió con Italia, que ya estaba en guerra con Austria, ya que exigía la unificación de los territorios italianos. Francisco José no estaba dispuesto a ceder Venecia a Italia, y su obstinación provocó la derrota total de las tropas austriacas.

La paz se firmó en Praga el 23 de agosto de 1866. Austria perdió Venecia, pero Prusia no quería ningún territorio. En cambio, Bismarck exigió la división de la Confederación Alemana en las Confederaciones del Sur y del Norte. Austria debía permanecer al margen. Francisco José aceptó, pero las verdaderas intenciones de Otto von Bismarck no quedarían claras hasta 1871, cuando se creó el

Imperio alemán bajo el liderazgo de Prusia. La participación de los Habsburgo en los asuntos alemanes había terminado. Y como Austria ya no formaba parte de Alemania, la identidad austro-alemana estaba en peligro.

Una monarquía dual

Tras la catastrófica guerra austro-prusiana, Francisco José se apresuró a llegar a un acuerdo con los húngaros. Se sintió aliviado de que los magiares no trataran de explotar la debilidad de los Habsburgo tras la guerra, y aceptó de buen grado todas sus condiciones establecidas en 1864. El resultado fue el Compromiso de 1867, o el *Ausgleich*, una monarquía dual de Austria-Hungría. La monarquía de los Habsburgo se transformó en un condominio (un territorio político en el que varias potencias comparten un gobierno igualitario), en el que los magiares gobernaban Hungría y los austro-alemanes, con los Habsburgo en el trono, el resto del imperio. Sin embargo, Francisco José sería el monarca constitucional de ambas mitades del imperio. En Hungría sería el rey, pero en Austria sería un emperador. Austria como nombre oficial desapareció. Se mantuvo en el nombre de la monarquía dual como Austria-Hungría. La parte alemana del imperio se conocía como "las tierras representadas en el Reichsrat", o Cisleitania. No fue hasta 1915 cuando el nombre de Austria volvió a ser oficial.

El compromiso austrohúngaro de 1867 ignoraba obviamente al resto de grupos étnicos que habitaban el imperio, pero Francisco José estaba dispuesto a correr el riesgo de una rebelión eslava para alcanzar rápidamente sus objetivos. Y sus objetivos eran preservar el poder dinástico y el prestigio de los Habsburgo buscando venganza contra Prusia. Estaba ansioso por volver a entrar en la política alemana, pero la subsiguiente guerra franco-prusiana de 1870 y la proclamación del Imperio alemán en 1871 le impidieron actuar. En ese momento, Francisco José tomó conciencia de que pronto tendría que enfrentarse a los problemas internos de la monarquía multiétnica que gobernaba.

Para federalizar Cisleitania, Francisco José instaló al conde Karl Sigmund von Hohenwart como ministro-presidente de la monarquía. El gabinete de Hohenwart propuso los Artículos Fundamentales de 1871, que debían dar más control de Bohemia a los checos. Sin embargo, los liberales alemanes y los magiares lo vieron como una amenaza a la dualidad de la monarquía, y se negaron a apoyar los artículos. Como Francisco José no pudo resolver la cuestión de los eslavos, confirmó el Compromiso de 1867, que seguiría siendo la base de la monarquía dual hasta 1918.

El compromiso de 1867 fue un acuerdo entre el emperador y la dieta húngara, y constaba de dos partes: la "pragmática" y la "dualista". La parte pragmática era un elemento permanente basado en la Pragmática Sanción. Confirmaba que la monarquía era inseparable e indivisible. Por lo tanto, Austria y Hungría estaban unidas bajo el dominio de los Habsburgo. Pero el propio gobierno era dualista. El gobernante de los Habsburgo era un emperador en Austria y un rey en Hungría. Esta dualidad implicaba que seguía existiendo un imperio mayor, con Hungría como parte de él, pero también como entidad política independiente. El resultado del compromiso de 1867 fue el establecimiento de ministerios conjuntos de asuntos exteriores, guerra y finanzas. Dos parlamentos separados presidían dos partes de la monarquía, pero debían reunirse ocasionalmente en Viena o en Budapest. Sin embargo, los húngaros se negaron a reconocer estas reuniones como el "parlamento imperial", ya que eso significaría que Hungría pertenecía al imperio más amplio. En su lugar, se llegó a un compromiso, y las reuniones de los dos parlamentos fueron reconocidas formalmente como el Consejo de la Corona. El emperador seguía teniendo sus prerrogativas en materia de política exterior y de guerra, con ministerios separados que controlaban los presupuestos militares y diplomáticos. Los acuerdos económicos, financieros y militares a los que llegaron las dos partes de la monarquía debían renegociarse cada diez años.

Los logros liberales siguieron al compromiso de 1867 en ambas partes de la monarquía dual. La Constitución de diciembre garantizó la completa emancipación de los judíos al establecer la igualdad ante la ley de todos sus ciudadanos, independientemente de su etnia o religión. En 1869 se estableció el Estado de Derecho por primera vez en la historia. Austria se convirtió en un verdadero *Rechtsstaat* ("Estado de Derecho"), con un poder judicial independiente y un Tribunal Supremo Imperial. En 1875 se crea el Tribunal Administrativo y se le permite al pueblo a apelar contra el Estado y sus funcionarios.

En 1868 se promulgó la Ley del Ejército y se llevaron a cabo reformas militares. Sin embargo, Francisco José se resistió a la plena modernización, lo que provocó que el ejército fuera incapaz de defender a su país contra enemigos más modernos. Por ejemplo, el emperador fue incapaz de comprender la superioridad de los vehículos blindados frente a la caballería, y se negó a incluirlos en las filas.

Los liberales alemanes continuaron la política josefina de anticlericalismo, y el poder de la Iglesia se redujo considerablemente. En 1855, Francisco José concedió a la Iglesia el poder sobre la educación y el matrimonio, pero el Parlamento lo revocó en 1868. La educación pasó a estar bajo el control del Estado, y se produjeron avances significativos cuando la educación escolar elemental se hizo obligatoria para todos los niños.

La economía también empezó a desarrollarse, sobre todo gracias a los inversores que eligieron Austria como lugar para desarrollar sus industrias. En Hungría se produjo un progreso similar. En 1868 se logró el Nagodba ("Acuerdo") con los croatas, que establecía que Croacia era una entidad política independiente dentro de Hungría. Además, el parlamento húngaro aprobó muchas más leyes nacionales y educativas para ponerse a la altura de los progresos de Austria, aunque la supremacía húngara puede verse en estas leyes. En aquella época, los magiares solo constituían alrededor del 40 por ciento de

Hungría, pero convirtieron su lengua en el idioma principal de la educación y de todas las instituciones y oficinas estatales. Los derechos nacionales de los eslavos fueron ignorados, y los checos boicotearon el Reichsrat en señal de protesta. Pero su ausencia en el parlamento solo sirvió para confirmar el poder de los liberales alemanes.

Aunque Austria-Hungría era una monarquía constitucional, Francisco José seguía siendo muy poderoso. El artículo 14 de la Constitución de diciembre le permitía promulgar leyes de emergencia por decreto imperial siempre que el parlamento no estuviera reunido. Todos los parlamentarios eran responsables únicamente ante el emperador, y era Francisco José quien elegía a los ministros de Cisleitania. Aunque la política exterior y el ejército eran sus prerrogativas, seguía siendo responsable de los asuntos internos de Cisleitania. De hecho, estaba formalmente a cargo de los asuntos internos, pero optó por dejarlos en manos de sus ministros liberales alemanes. El gobierno de Cisleitania seguía siendo leal al emperador, no al parlamento. La aristocracia también era leal a Francisco José, y aunque no era el centro de la vida política austriaca, debido a su riqueza y prestigio, seguía siendo inmensamente poderosa. Era de este círculo social de donde el emperador elegía a sus ministros, y dominaban la cámara alta del Reichsrat (*Herrenhaus*). Los grandes terratenientes ocupaban la mayoría de los escaños de la cámara baja.

En 1873, los acontecimientos fuera de las fronteras de Austria-Hungría cobraron protagonismo. El primer ministro prusiano Otto von Bismarck era consciente de la amenaza francesa para Alemania, por lo que decidió formar una alianza con el Imperio austrohúngaro y con el Imperio ruso, formando la llamada Liga de los Tres Emperadores. De este modo, Francia quedaría aislada y no se atrevería a atacar a Alemania. Además, los tres emperadores podrían concentrarse en resolver la cuestión de sus intereses comunes en los Balcanes. Bismarck planeaba dejar que Austria-Hungría tomara el control de las zonas occidentales de los Balcanes, mientras que Rusia se quedaría con las orientales. Sin embargo, las diferencias de opinión eran demasiado grandes y no se llegó a un acuerdo hasta 1875, cuando comenzó una revuelta contra el dominio otomano en Bosnia. Francisco José quería tomar el control de los Balcanes occidentales, pero pretendía dejar al Imperio otomano el control del resto en lugar de a Rusia.

En 1878, el Imperio otomano capituló y, en el Congreso de Berlín, Francisco José exigió la ocupación austriaca de Bosnia. Pero la dieta húngara, así como los liberales alemanes del parlamento, se opusieron a la ocupación porque no querían añadir más eslavos al imperio étnicamente inestable. Sin embargo, Francisco José no se echó atrás y el Reichsrat ratificó la ocupación.

La transformación de Austria

Francisco José se dio cuenta de que los liberales alemanes, que eran mayoría en el Reichsrat, se interponían en su camino para lograr sus objetivos imperiales. En 1879, nombró a su amigo de la infancia, el conde Eduard Taaffe, como primer ministro. Taaffe puso en marcha un nuevo régimen que ayudaría al emperador a gobernar Cisleitania según sus condiciones. El nuevo primer ministro persuadió a los checos para que volvieran a entrar en el parlamento, consiguió el apoyo de los polacos y contó con la aristocracia para que diera su apoyo al emperador contra los liberales.

En las elecciones de 1879 los liberales perdieron la mayoría de los escaños en el parlamento, aunque su presencia nunca fue erradicada del todo. El nuevo ministerio de Taaffe estaba compuesto por eslavos, clérigos alemanes, conservadores alemanes e incluso rumanos. La coalición de los que antes estaban condenados al ostracismo en la política austriaca se mantuvo en el poder hasta 1893. El gobierno creado por Taaffe era similar al *Trasformismo* italiano, una coalición que pudo descartar los extremos de los partidos de izquierda y de derecha. La coalición de centro gobernaba según los deseos del emperador, ya que estaba compuesta por leales.

Taaffe imitó la política de Bismarck en Alemania, y con asesores, como Emil Steinbach, que era el ministro de finanzas, el primer ministro aprobó una serie de legislaciones sociales que trataban cuestiones como el trabajo infantil, los derechos de las mujeres y los trabajadores, la enfermedad y el seguro de accidentes para los trabajadores industriales. En 1882, también implantó un estricto código de regulación para el comercio y la artesanía. Pero cuando se trataba de los trabajadores de la agricultura, las protecciones y los seguros eran mucho más escasos. Esto se debía a la influencia que los terratenientes conservadores tenían sobre Taaffe y su gobierno. En el sector educativo, el primer ministro optó por satisfacer a sus amigos conservadores en lugar de seguir las necesidades y exigencias del mundo modernizado. La Ley de Educación de 1883 supuso un revés para las reformas que habían aplicado anteriormente los liberales alemanes. La nueva ley permitía que los niños campesinos terminaran su educación después de solo seis años para que pudieran ir a las granjas de sus familias a trabajar. Taaffe también quería satisfacer a los nacionalistas checos y, en 1882, la Universidad de Praga se dividió en dos mitades lingüísticas: La eslava y la alemana.

El checo se convirtió en una de las lenguas externas de la burocracia imperial, pero solo se utilizó en Bohemia y Moravia. Esto satisfizo a los eslavos y aseguró su apoyo al gobierno. Sin embargo, toda la comunicación que las provincias tenían con Viena y los funcionarios alemanes debía hacerse en lengua alemana. Pero, en la práctica, las cosas eran diferentes. La mayoría de los funcionarios checos ya hablaban alemán, y los funcionarios alemanes que estaban en Bohemia y Moravia simplemente se negaban a aprender la "lengua de los campesinos". La mayor parte de la burocracia continuó simplemente en alemán.

En 1882 se produjeron reformas electorales y la clase media baja accedió a la política austriaca. Esto, así como la modernización del imperio, cambió radicalmente la política austriaca. Se fundó el Programa de Linz, una plataforma política que abogaba por la completa germanización de Cisleitania a costa de las demás naciones del imperio. Este programa se convirtió en la base del nacionalismo alemán y, bajo el liderazgo de Georg Schönerer, el movimiento nacionalista alemán adoptó el antisemitismo. En 1885, incluso añadió un párrafo sobre la raza aria al Programa de Linz, en el que se afirmaba que solo los descendientes de arios tenían derecho a establecerse e iniciar sus negocios en la Austria dominada por los alemanes. Al final de su carrera política, Schönerer se convirtió en un extremista, y sus ataques al periódico dirigido por judíos, el *Neues Wiener Tagblatt*, arruinaron su carrera. Por suerte, sus opiniones antisemitas nunca llegaron a otros ex liberales ni a los partidos que formaron posteriormente.

Sin embargo, el conflicto de nacionalidades en los asuntos internos en Austria continuó. El siguiente primer ministro, Alfredo III, príncipe de Windisch-Grätz, convocó un parlamento formado por polacos, conservadores alemanes y liberales alemanes. Los representantes no tenían nada en común, ya que cada uno tenía sus propios intereses nacionales. El conflicto desgarró la escena política austriaca hasta 1895, cuando se introdujo la lengua eslava en la escuela de gramática de Cilli (la actual Celje, hoy en Eslovenia). Anteriormente, solo se enseñaba la lengua alemana, y los liberales alemanes lo tomaron como un ataque al nacionalismo alemán, por lo que abandonaron el parlamento. Alfredo III se vio obligado a dimitir. Francisco José se sintió decepcionado por la evolución política de los liberales alemanes y, para resolver la cuestión de los eslavos, contrató al aristócrata polaco Kasimir Felix como próximo primer ministro. Anteriormente, Felix había sido gobernador de Galitzia, un territorio de los Habsburgo, que tenía una mayoría polaca rutera. Como tal, Galitzia era muy autónoma, y el nombramiento de Felix marcó el fin del dominio alemán sobre el Imperio de los Habsburgo. Los alemanes no controlaban ninguno de los puestos clave del gobierno austrohúngaro, ya que el ministro de finanzas y el de asuntos exteriores también procedían de la Galitzia polaca.

En 1897, Kasimir Felix volvió a abrir la interrogante de la lengua eslava. Intentó introducir el checo en el "servicio interior" totalmente alemán, es decir, quería que el checo se convirtiera en una de las lenguas oficiales de comunicación dentro de las instituciones gubernamentales. La reacción alemana fue violenta: los profesores universitarios escribieron cartas de protesta y los funcionarios del gobierno alemán se negaron a realizar actividades legislativas. En noviembre de 1897, las protestas alcanzaron su punto álgido cuando la protesta contra Félix se convirtió en una revuelta callejera en Viena. Las protestas se extendieron entonces a otras partes de la monarquía, principalmente en las ciudades alemanas de Bohemia. Se llamó al ejército para apaciguar a la población, pero la situación solo se calmó tras la muerte de algunos de los manifestantes. Francisco José no tuvo más remedio que destituir a Félix y formar un nuevo gobierno de partidos alemanes bajo el liderazgo del barón Paul Gautsch von Frankenthurn. Pero la voluntad de Gautsch de trabajar en interés de los partidos políticos alemanes no hizo más que desencadenar la respuesta de los checos. Las manifestaciones y la violencia que comenzaron en Viena bajo el gobierno anterior se trasladaron ahora a Praga. Gautsch fue sustituido, y ninguno de sus tres siguientes sucesores consiguió resolver el problema de la nacionalidad que desgarraba la monarquía austrohúngara.

Finalmente, el 18 de enero de 1900, el emperador nombró a Ernest von Koerber como primer ministro. Koerber se negó a concentrar su política en la candente cuestión de la nacionalidad y decidió aplicar reformas en la economía y promulgar leyes sociales. Bajo su mandato, la prensa fue liberada del control gubernamental. Pero, aunque Koerber consiguió mantener el nacionalismo fuera de la política austríaca, el nacionalismo entre la población siguió desarrollándose. Pronto, las diferentes etnias empezaron a reclamar sus propias universidades dentro del imperio; italianos, eslovenos, polacos y otros exigían educación en sus lenguas nativas. El conflicto checo-alemán se amplió para incluir a todas las etnias. Koerber no pudo evitar la política de las nacionalidades y fue expulsado del cargo en 1904.

La política de la monarquía austrohúngara se complicó aún más por la política exterior. La decisión de Austria de ocupar Bosnia no hizo sino poner al imperio en peligro de conflicto con Rusia. Austria firmó la Doble Alianza con el Imperio alemán, gobernado por el emperador prusiano, y se prometieron apoyo mutuo en caso de agresión rusa. Esta alianza se mantuvo hasta el final de la monarquía austrohúngara. En 1881, Serbia se convirtió en un estado satélite de Austria-Hungría, ya que buscaba protección ante cualquier posible conflicto que pudiera producirse entre las potencias que querían dominar los Balcanes (Austria, Rusia y el Imperio Otomano). Rusia no tuvo más remedio que admitir el predominio austríaco en los Balcanes occidentales. Pero las relaciones serbias con Austria-Hungría se deterioraron en 1903, cuando el rey Alexander Obrenović fue asesinado. Era el último de la dinastía Obrenović, que fue sustituida entonces por los Karađjorđjević. El gobierno serbio quería unir a todos los eslavos del sur bajo su paraguas y formar el Gran Reino Serbio. La monarquía de los Habsburgo necesitaba contrarrestar esta política expansionista, por lo que Francisco José aplicó restricciones económicas a Serbia. La subsiguiente guerra de los cerdos (1906-1908) no consiguió aplastar al reino de Serbia. En su lugar, Austria-Hungría solo empujó a Serbia bajo la influencia de Rusia.

En 1908, Austria intentó anexionarse Bosnia, pues temía los cambios constitucionales que se estaban produciendo en el Imperio otomano, y Serbia reaccionó violentamente. Al principio, Rusia se puso del lado de Austria en la cuestión de la anexión porque se le prometió el acceso al estrecho de Constantinopla. Pero Gran Bretaña y Francia se opusieron a los planes rusos para el estrecho, así que Rusia se volvió contra Austria y se puso del lado de Serbia. Los políticos austríacos impulsaron la guerra y, en 1909, enviaron un ultimátum a Rusia, obligándola a retirar su apoyo a Serbia. Sin un aliado, Serbia tuvo que aceptar la anexión austrohúngara de Bosnia.

Aunque la crisis bosnia se resolvió, los serbios de Bosnia, que ahora formaban parte del Imperio austrohúngaro, sintieron que no se satisfacían sus necesidades nacionales, y siguieron provocando malestar en el imperio.

Capítulo 8: La Primera Guerra Mundial

Archiduque Francisco Fernando en Sarajevo
*https://en.wikipedia.org/wiki/Archduke_Franz_Ferdinand_of_Austria
#/media/File:Minutos_previos_al_atentado_en_Sarajevo.jpg*

Los últimos años de paz

La anexión de Bosnia en 1908 provocó la reacción de otras naciones eslavas dentro de Austria-Hungría. Los checos ya se sentían atraídos por la idea del paneslavismo, y en julio de 1908 organizaron un congreso paneslavo en Praga, con la intención de presionar a Francisco José para que creara una federación de todas las nacionalidades que sería gobernada por un gobernante democrático de los Habsburgo. Pensaban que tenían derecho a plantear tales exigencias porque, en aquel momento, los eslavos constituían dos tercios de los ciudadanos de la monarquía dual.

Durante la crisis diplomática que siguió a la anexión de Bosnia, los checos apoyaron la causa serbia tomando las calles y organizando manifestaciones violentas. Se tuvo que proclamar la ley marcial en Praga y se llamó al ejército para apaciguar a los manifestantes. Sin embargo, la lucha nacionalista se extendió por todo el imperio y el gobierno cayó. El nuevo primer ministro, Richard Freiherr von Bienerth, intentó arreglar la situación formando un gabinete que incluyera representantes de todas las nacionalidades de la monarquía de los Habsburgo. Sin embargo, el gobierno continuó bajo la administración de los austríacos alemanes, que afirmaban que la monarquía se fundaba en la herencia alemana. A ellos se oponían los eslavos, que querían hacerse un hueco en Austria, ya que el censo de 1910 mostraba que representaban el 60 por ciento de la población de Austria. Aunque los eslavos dominaban en número, se vieron debilitados por los polacos, que permanecieron fieles al gobierno imperial.

Sin embargo, Austria supo gestionar las aspiraciones nacionalistas de sus numerosas naciones y concentrarse en la creciente amenaza del exterior: Serbia. La política expansionista de Austria convirtió a Serbia en el principal defensor del paneslavismo en el sur. Si se le dejaba actuar sin control, Serbia podría unir a los eslavos del sur y reclamar Bosnia y Croacia a Austria-Hungría.

De 1912 a 1913, Serbia luchó en las guerras de los Balcanes, y durante este tiempo, Austria intentó obligarla a renunciar a los territorios que había conseguido adquirir. Francisco José llegó a contemplar la posibilidad de actuar militarmente, pero era consciente de que no podría ganar sin el apoyo de Alemania. Aunque Alemania apoyaba a Austria por sus propias aspiraciones, aún no estaba preparada para la guerra, por lo que el emperador decidió posponerla. Cuando Bulgaria inició la segunda guerra de los Balcanes, Austria-Hungría le dio su apoyo. En el proceso, alienó a Rumanía, que también tenía un conflicto territorial con Bulgaria. Así, Rumanía se unió a los esfuerzos de muchas etnias dentro de la monarquía dual para restaurar sus reinos históricos que, a lo largo de la historia, fueron consumidos por los Habsburgo. Para evitar la disolución del imperio, los dirigentes austríacos estaban convencidos de que debían actuar contra las potencias extranjeras que apoyaban las reivindicaciones nacionales de las etnias bajo la monarquía de los Habsburgo.

En junio de 1914, el archiduque Francisco Fernando de Austria, sobrino y heredero de Francisco José I, decidió visitar Sarajevo y participar en las maniobras del ejército en Bosnia. Se le advirtió de que su presencia podría instigar las hostilidades, pero hizo caso omiso de tales afirmaciones e incluso se llevó a su esposa. La pareja fue asesinada el 28 de junio por un joven serbobosnio llamado Gavrilo Princip. El culpable disparó a Francisco Fernando y a su esposa, que iban en un coche abierto por las calles de Sarajevo. Princip fue detenido inmediatamente, y la investigación determinó que era miembro de una organización nacionalista secreta llamada la Mano Negra. Aunque algunos de sus miembros ocupaban altos cargos en el gobierno y el ejército serbios, la Mano Negra era una organización terrorista ilegal.

Austria tuvo que responder al asesinato de Francisco Fernando porque la reputación de los Habsburgo estaba en juego. Desde que Prusia asumió el liderazgo de la Confederación Alemana y la transformó en el Imperio alemán, el poder de los Habsburgo había estado en constante declive. Francisco José vio en ello una oportunidad para volver a situar a Austria entre las grandes fuerzas europeas. Aunque no todo el mundo estaba de acuerdo en que el asesinato del heredero austríaco fuera motivo suficiente para proclamar la guerra, era la excusa perfecta que el emperador necesitaba.

En primer lugar, se puso en contacto con Alemania para asegurar su participación, y una vez que recibió una respuesta positiva, Francisco José y su primer ministro continuaron planificando la guerra. Pero el primer ministro de Hungría, el conde István Tisza, se opuso. Los húngaros habían advertido al emperador durante mucho tiempo que había demasiados eslavos y serbios y que exigirían la federalización del Estado. Pero una vez que los dirigentes austríacos aseguraron a Tisza que su única intención era aplastar a Serbia, no adquirir su territorio y su población, el Parlamento húngaro cedió y aprobó la proclamación de guerra.

Del 15 al 19 de julio de 1914 se celebraron una serie de reuniones ministeriales en las que se redactó un ultimátum provocador para Serbia. El ultimátum estaba definido de tal manera que no había forma de que Serbia lo aceptara. Pero después de luchar en las dos guerras de los Balcanes, Serbia quería la paz. De hecho, el gobierno serbio trató de impedir el asesinato de Francisco Fernando en cuanto se enteró del complot. Dos semanas antes de que el heredero de los Habsburgo llegara a Sarajevo, Serbia intentó detener a los asesinos, pero fracasó. Lo único que podía hacer el gobierno serbio era esperar que Rusia les apoyara si se producía la guerra con Austria. Tanto Francisco José como el primer ministro serbio, Nikola Pašić, pensaban que la guerra implicaría oa Austria y Serbia y a sus aliados, Alemania y Rusia. Sin embargo, el creciente nacionalismo en el seno de la monarquía dual, el imperialismo de Alemania y las numerosas alianzas que Serbia y Austria habían establecido previamente condujeron a una guerra de inmensas proporciones. La Primera

Guerra Mundial arrastró a todas las grandes potencias mundiales al conflicto.

El asesinato de Francisco Fernando fue el acontecimiento notable que dio inicio a la guerra, pero el conflicto se había gestado mucho antes de que Gavrilo Princip se uniera a la Mano Negra. El cambio de poder en Europa rompió algunas viejas alianzas e inició otras nuevas. Para entender la causa de la Primera Guerra Mundial y quién la inició, es esencial comprender cómo era el mundo en las décadas anteriores al conflicto. Tras la muerte de Otto von Bismarck, Alemania renunció a su alianza con Rusia en favor de Austria-Hungría. Más tarde, esta doble alianza se amplió para incluir a Italia. Pero Rusia temía dejar de tener acceso al estrecho de Constantinopla cuando los alemanes encontraran otros aliados. Por ello, Rusia se acercó a Francia. Al principio, esta alianza franco-rusa se inició porque Rusia necesitaba un nuevo mercado comercial, pero se convirtió en un apoyo militar que duraría hasta el final de la Primera Guerra Mundial.

Francia y Alemania eran enemigos desde que la guerra franco-prusiana (1870- 1871) se saldó con la victoria prusiana y la unificación de Alemania con la anexión de Alsacia-Lorena. Desde entonces, Francia estaba resentida con Alemania, pero no tenía poder militar para lanzar un ataque y recuperar su territorio. Desde entonces, el sentimiento antialemán y el revanchismo ("venganza") crecieron en Francia. La ingeniosa política de Bismarck aisló a Francia, y aunque los franceses tenían la voluntad, no se atrevieron a atacar por su cuenta. Incluso con Rusia como nuevo aliado, Francia se sentía insegura de enfrentarse a Alemania. Sin embargo, tras la muerte de Bismarck, Francia consiguió aislar a Alemania formando la Triple Entente, que incluía a Francia, Rusia y Gran Bretaña. En ese momento, Gran Bretaña tenía acuerdos separados con Francia desde 1904 y con Rusia en 1907. Esta alianza fue la que hizo que Rusia se uniera a la Primera Guerra Mundial, no su apoyo a Serbia.

La alianza franco-rusa no hizo más que reforzarse durante las guerras de los Balcanes, ya que Francia se dio cuenta de la importancia de la región. Si los Balcanes caían bajo el Imperio austrohúngaro y, por tanto, pasaban a estar fuertemente influenciados por Alemania, Francia no tendría ninguna oportunidad contra Alemania. Por ello, Francia empezó a apoyar los intereses rusos en los Balcanes y transformó su alianza de defensiva en un apoyo militar total, incluso si Rusia instigaba el conflicto. De hecho, Francia empezó a animar a Rusia a que empezara a desafiar a Austria para poder acelerar el conflicto.

Mientras tanto, un oficial alemán, Otto Liman von Sanders, fue nombrado general del ejército otomano en Constantinopla. Los rusos vieron esta medida como un acto hostil contra sus puertos del mar Negro. En enero de 1914 se llegó a un acuerdo para nombrar a Sanders en el puesto menor de inspector general del ejército otomano. Rusia estaba satisfecha por el momento, pero su economía seguía fallando y tenía que abrirse paso en nuevos mercados. La mejor manera de hacerlo era adquiriendo los Balcanes y desafiando a Alemania.

La Gran Guerra

Cuando Austria-Hungría envió su ultimátum, Serbia solo tenía cuarenta y ocho horas para responder. La principal exigencia del ultimátum era que Serbia dejara de difundir propaganda separatista contra la monarquía austrohúngara y que suprimiera toda propaganda criminal y terrorista dentro de Serbia. Aparte de esto, el ultimátum contenía diez exigencias más, siendo una de ellas especialmente problemática. El punto seis exigía que Serbia permitiera a los representantes del gobierno austrohúngaro investigar el asesinato de Francisco Fernando dentro de las fronteras serbias. Este ultimátum significaba que Serbia debía renunciar a su soberanía, aceptar el dominio de los Habsburgo y convertirse en un protectorado austríaco. Serbia aceptó todos los puntos del ultimátum menos este, y aun así intentó llegar a un compromiso. Los funcionarios de Belgrado propusieron abrir negociaciones sobre el punto en disputa, e incluso se dirigieron a Rusia para pedir su apoyo. Fueron rechazados, ya que Rusia y Francia aún no estaban preparadas para un conflicto militar. La delegación rusa en Belgrado aconsejó al príncipe heredero Alejandro de Serbia que aceptara el ultimátum.

Gran Bretaña y Rusia intentaron posponer el estallido de la guerra e instaron a Austria a dar más tiempo a Serbia para responder al ultimátum. Gran Bretaña incluso se ofreció a mediar en las negociaciones. Austria se negó, ya que su única intención era provocar la guerra, no evitarla. Serbia predijo que las grandes potencias europeas fracasarían en su misión de prolongar la paz y comenzó a movilizar su ejército el 24 de julio de 1914. Al día siguiente, Francisco José firmó la orden de movilización austríaca y la declaración de guerra, que debía comenzar el 28 de julio. Francia ordenó a sus tropas de Marruecos que regresaran a casa, y Rusia ordenó una movilización parcial, quizá con la esperanza de evitar una guerra total. Gran Bretaña intentó por última vez persuadir a Austria para que celebrara una conferencia en la que la disputa con Serbia pudiera resolverse pacíficamente. Austria se negó.

Cuando Guillermo II, rey de Prusia y emperador de Alemania, leyó por fin la respuesta serbia al ultimátum, proclamó que ya no había razón para la guerra. Se dio cuenta de que Serbia había aceptado el humillante ultimátum y ordenó a Viena que aceptara la propuesta de Belgrado para seguir negociando. Sin embargo, el canciller del Imperio alemán, Theobald von Bethmann Hollweg, saboteó a Wilhelm transmitiendo el mensaje del emperador y excluyendo las partes que pedían a Austria que detuviera la guerra. Así, la guerra se declaró el 28 de julio de 1914, a las 11:00 horas. Dos horas después, las primeras bombas austrohúngaras cayeron sobre Belgrado.

Italia, aunque formaba parte de la Triple Entente con Alemania y Austria-Hungría, se negó a entrar en la guerra. Al fin y al cabo, Italia slo aceptó una alianza defensiva, y Austria fue la agresora en su ataque a Serbia. El inicio de la guerra fue un desastre y, en agosto, todas las grandes potencias europeas estaban implicadas. La Triple Entente se amplió para incluir al Imperio otomano y a Bulgaria. La Triple Entente se amplió hasta convertirse en una coalición que incluía a Japón y a los Estados Unidos de América, con Serbia, Bélgica, Rumanía, Portugal, Grecia, China, Italia y muchos más países como miembros asociados.

Fue sorprendente que el ejército multinacional austrohúngaro, que contaba con muchos eslavos en sus filas, se mantuviera unido durante la guerra. Los checos se amotinaron, pero como estaban en inferioridad numérica, los motines fueron rápidamente resueltos y no se extendieron. No obstante, el ejército estaba mal preparado para la guerra, y su escasa financiación acabó provocando pérdidas desastrosas en el esfuerzo bélico austrohúngaro, dirigido por el mariscal de campo Franz Conrad von Hötzendorf. La monarquía dual tenía el ejército peor financiado de todos los países europeos. La reticencia del emperador a modernizarlo también afectó al resultado final.

Austria-Hungría no logró conquistar Serbia en agosto, que era cuando Alemania planeaba lanzar una invasión a Francia. De hecho, Alemania ordenó a Austria que abandonara el esfuerzo serbio y se preparara para la defensa de la invasión alemana de Francia, ya que Rusia seguramente reaccionaría. Pero el mando de Austria decidió librar la guerra en dos frentes, tanto contra Serbia como contra Rusia. Fue un plan desastroso, y a principios de septiembre, Austria había perdido Lemberg (la actual Lviv, en Ucrania) a manos de los rusos y tuvo que retirarse a través de los Cárpatos. Alemania tuvo que enviar ayuda a Austria para detener a los rusos, lo que fue difícil de conseguir. Los rusos fueron detenidos en diciembre con la batalla de Limanowa-Łapanow.

A finales de 1914 se estabilizó el frente ruso, pero el Imperio de los Habsburgo tuvo que pagar un grave precio por ello. Austria perdió la mitad de sus oficiales y cuatro quintas partes de sus tropas de infantería en las fases iniciales de la guerra. El ejército de los Habsburgo, mal entrenado y poco desarrollado, fue devastado en los campos de batalla de Galitzia, y aunque Austria tuvo sus momentos brillantes durante la guerra, nunca se recuperó realmente.

Italia se unió al conflicto en mayo de 1915, después de haber considerado durante mucho tiempo a qué bando unirse. Cuando Gran Bretaña prometió a Italia partes de Austria-Hungría que deseaba, Italia declaró la guerra a Austria-Hungría, rompiendo la Triple Entente. Pero a pesar de esta traición, el ejército de los Habsburgo tuvo éxito tanto en Galitzia como en los Balcanes durante 1915. En junio se recuperó Lemberg y en noviembre se conquistó Serbia, aunque no sin la ayuda de los ejércitos alemán y búlgaro. De hecho, el ejército alemán fue el responsable de todas las victorias y ganancias austriacas, sumiendo a la monarquía dual en la subordinación.

En casa, a Austria-Hungría no le fue mejor. La guerra solo hizo que resurgieran los problemas internos, y además tuvo que lidiar con el hambre, la escasa infraestructura existente para proveer al ejército de alimentos y equipos, y la censura de la prensa. Los rumores empezaron a extenderse y la opinión pública pasó de estar a favor de la guerra a estar en contra. El régimen de los Habsburgo empezó a perder su credibilidad entre la población debido a la censura de prensa, y los líderes nacionalistas volvieron a actuar dentro del imperio. Y cuando la milicia empezó a detener a estos líderes nacionalistas, el resentimiento de la población hacia el régimen no hizo más que aumentar. Los que aún apoyaban el esfuerzo bélico lo hacían en silencio, por miedo a desatar la ira de sus vecinos.

En 1916, el mariscal de campo Franz Conrad von Hötzendorf ordenó una ofensiva en mayo sobre Italia, que terminó en fracaso, y en junio, los rusos comenzaron a ganar de nuevo en Galitzia. Rumanía, resentida con el Imperio austrohúngaro por la opresión de los rumanos en Transilvania, se unió a Rusia. Transilvania se perdió en agosto, y las fuerzas alemanas tuvieron que intervenir de nuevo. El frente ruso se rompió en septiembre y, en diciembre, el ejército alemán entró en Bucarest. Con un ejército completamente roto, la monarquía dual austrohúngara apenas era una entidad política independiente. Austria tuvo que admitir una completa subordinación militar a Alemania cuando se formó el Alto Mando conjunto austroalemán bajo la dirección alemana. En ese momento, Austria-Hungría fue considerada un Estado satélite de Alemania. Con la erosión de su independencia y sus pésimas condiciones económicas, aumentó la presión sobre la monarquía para que pusiera fin a la guerra. Consciente de que perdería su patrimonio, el emperador de los Habsburgo exigió la paz para finales de la primavera de 1917. Cuando el primer ministro austríaco, Karl von Stürgkh, fue asesinado en octubre de 1916, Francisco José se planteó volver al gobierno constitucional y poner fin a la guerra. Incluso contrató a Ernest von Koerber, uno de sus políticos más hábiles, como primer ministro. Sin embargo, antes de que Koerber pudiera reunir un gabinete, Francisco José murió, haciéndolo el 21 de noviembre de 1916.

El sucesor al trono austrohúngaro fue el archiduque Carlos I de Austria. Carlos, que era un gobernante sin experiencia, llegó a supervisar un imperio cuando este se encontraba en su más grave crisis existencial. No comprendía las complejidades de la monarquía dual, y fue incapaz de luchar contra la amenaza de disolución de la monarquía. Carlos quería introducir una monarquía constitucional, esta vez con derechos reconocidos a todas las minorías que vivían en el imperio. Sin embargo, no era consciente de lo mucho que se habían deteriorado los problemas internos del Estado desde el inicio de la guerra.

Carlos, influenciado por su esposa pacifista, la princesa Zita de Borbón-Parma, intentó poner fin a la guerra negociando en secreto con la Triple Entente. El emperador envió mensajes a Francia, buscando una forma de sacar a Austria-Hungría de la guerra, pero los resultados fueron aplastantes. Los aliados exigieron que Austria admitiera las reclamaciones territoriales de Italia, a lo que Carlos se negó. El emperador esperaba poder reparar la situación de la política interior convocando el Reichsrat en mayo de 1917, pero la sesión se convirtió en un foro en el que los representantes de las distintas monarquías y etnias exigían la separación y la formación de estados nacionales independientes.

En febrero de 1917 se produjo una revolución en Rusia que provocó la caída del régimen imperial. Se instauró un nuevo gobierno constitucional, y aunque los rusos intentaron continuar la guerra, su mayor implicación solo provocó más revueltas. En diciembre de 1917, el régimen bolchevique capituló provisionalmente ante las potencias centrales y lo hizo oficialmente en marzo de 1918. Así, el frente oriental quedó sellado con la victoria alemana y austrohúngara. En el frente del sur de Italia, la perspectiva de victoria estaba cerca debido a la victoria austroalemana en Caporetto. Obligaron al ejército italiano a retirarse a Piave.

Con la Revolución rusa y la entrada de los Estados Unidos en la guerra, surgió una nueva ideología en Europa, una liberación democrática de los estados autocráticos, como los imperios alemán y austrohúngaro. Debido a la difusión de estas ideas, entre otras cosas, Francia y Gran Bretaña dejaron de preocuparse por la integridad del Imperio de los Habsburgo. En abril de 1918, los Aliados organizaron en Roma el Congreso de las Nacionalidades Oprimidas, en el que se discutió el destino de las numerosas etnias de Austria-Hungría.

El final de la guerra llegó en el otoño de 1918, y los acontecimientos se desarrollaron rápidamente en los frentes balcánico y occidental. Alemania consiguió dejar fuera de la guerra a Rusia, Rumanía y Montenegro, y ocupó gran parte de los Balcanes, Polonia y Ucrania. Los estudiosos no se ponen de acuerdo en sí hubo una sola batalla decisiva que pusiera fin a la Gran Guerra, pero hubo una que cambió el rumbo de la guerra e hizo posible que los Aliados ganaran en todos los frentes. La batalla de Dobro Polje (en la actual Macedonia del Norte) comenzó el 15 de septiembre de 1918, como una ofensiva de los ejércitos combinados de Serbia, Francia y Grecia.

El líder y principal estratega de esta pequeña pero eficaz batalla fue el general Louis Franchet d'Espèrey. En el transcurso de tres días, el ejército combinado de la Entente consiguió destruir las unidades búlgaras atrincheradas en Dobro Polje. Hubo unas cinco mil víctimas en ambos bandos del conflicto, pero la victoria de la Entente fue tal que el espíritu del ejército búlgaro quedó completamente aplastado, y los soldados comenzaron a desertar en masa. Con su victoria en esta batalla, los Aliados consiguieron sacar a Bulgaria de la guerra y separar a Alemania de su aliado otomano. Dos semanas después de la batalla de Dobro Polje, Alemania comenzó a pedir la paz.

El emperador Guillermo II de Alemania estaba enfadado por el resultado de la batalla, ya que era consciente de que sin Bulgaria y el Imperio otomano, Alemania no tenía ninguna posibilidad de ganar el Frente Occidental. Escribió al zar Fernando I de Bulgaria diciéndole que era vergonzoso que un pequeño ejército de sesenta mil serbios decidiera la guerra.

Tras la batalla de Dobro Polje, las fuerzas británicas se dirigieron hacia Constantinopla, y los turcos no pudieron hacer nada para detenerlas. El 26 de octubre, el Imperio otomano se rindió. Los ejércitos serbio y francés avanzaron hacia el norte y liberaron al reino de Serbia de la ocupación alemana. En noviembre, el general d'Espèrey llegó a Hungría y se firmó un armisticio. Alemania estaba ahora completamente sola en la guerra. En Italia, el ejército aliado hizo retroceder a los austrohúngaros y el 24 de octubre comenzó la batalla de Vittorio Veneto. La victoria italiana no solo puso fin al conflicto en la península, sino que también supuso el fin efectivo del ejército austrohúngaro, marcando el inicio de la disolución del imperio. Una semana después, la Primera Guerra Mundial llegaba a su fin.

El fin de la monarquía de los Habsburgo

La monarquía de los Habsburgo no se derrumbó porque las potencias europeas, junto con Hussar los Estados Unidos, apoyaron las reivindicaciones de independencia de las distintas nacionalidades.

En realidad, las fuerzas aliadas cambiaron su reacción ante los movimientos nacionalistas ya formados dentro del imperio. En enero de 1918, los checos exigieron la autodeterminación y la independencia total. Solo un mes más tarde, los funcionarios polacos y eslavos del sur presentaron al Reichsrat sus demandas para el establecimiento de zonas nacionalmente homogéneas dentro del imperio. Aunque estos movimientos fueron decisivos, el auge del nacionalismo no supuso por sí solo la caída de la monarquía austrohúngara. Desde el comienzo de la guerra, las líneas de suministro se habían interrumpido, provocando una escasez masiva de alimentos en el imperio. El hambre y la inspiración que supuso la Revolución rusa instigaron movimientos huelguísticos dentro del imperio. El gobierno recibió una fuerte oposición del pueblo, que exigía más alimentos y paz. A ellos se unieron los nacionalistas y, juntos, los civiles tomaron las calles de Viena, Praga y Budapest. Esta lucha civil se extendió al ejército y comenzaron los motines. Las manifestaciones y los disturbios fueron reprimidos con éxito en enero de 1918, recurriendo el gobierno al uso de su milicia y su ejército. Pero fue entonces cuando los diversos movimientos nacionales cobraron impulso.

El gobierno austrohúngaro concluyó la paz en el frente oriental con Ucrania en febrero de 1918, con Rusia en marzo y con Rumanía en mayo. Pero esto no fue suficiente para apaciguar las luchas civiles en casa. El pueblo exigía el fin total de la guerra. Los polacos estaban especialmente irritados, ya que el Tratado de Brest-Litovsk, firmado con Ucrania, les privaba de algunos de sus territorios. La situación del suministro de alimentos tampoco mejoró, y la gente seguía sintiendo resentimiento hacia el emperador y el gobierno. Pero el gobierno estaba en una posición difícil. Al hacerse públicas las conversaciones de paz secretas de Carlos con los Aliados, el emperador tuvo que asegurar a Alemania que Austria seguía siendo leal. Este acto fue aplaudido por los austríacos alemanes, pero los eslavos estaban indignados. Carlos y los funcionarios de su gobierno no eran conscientes del efecto que el descontento de los eslavos tendría en el imperio. En mayo de 1918, se organizó una fiesta nacional eslava en Praga, y la gran cantidad de gente en las calles debería haber sido una advertencia para el emperador de la fuerza que tenía el movimiento independentista checo.

En julio de 1918, el primer ministro austríaco, Ernst Seidler, dimitió, dando paso a Max Hussarek, que intentó reorganizar la monarquía austrohúngara. Propuso la creación de un estado croata autónomo dentro del imperio, pero Carlos ya se había decidido por la federalización completa. El 16 de octubre, Hussarek proclamó a Austria como una federación de cuatro partes: alemana, checa, eslava del sur y ucraniana. Los polacos y sus territorios debían unirse a un estado polaco, y se encontró con una fuerte oposición húngara porque las tierras húngaras debían quedar exentas del programa.

Se establecieron consejos provinciales en todas las provincias del imperio, pero en pocos días empezaron a actuar como gobiernos nacionales. Los polacos fueron los primeros en proclamar la unión con Polonia el 7 de octubre. Los siguientes fueron los checos, que proclamaron una república independiente el 28 de octubre. Un día después, el Parlamento croata anunció la unión con Serbia. El Imperio de los Habsburgo se había disuelto esencialmente antes de que terminara la Gran Guerra. Para entonces, el gobierno austríaco era consciente de la derrota que estaba a punto de producirse. El 27 de octubre, el ministro de Asuntos Exteriores, el conde Gyula Andrássy, envió un mensaje al presidente estadounidense Woodrow Wilson en el que le pedía un armisticio. A cambio, reconocía la soberanía del recién fundado Estado checoslovaco. Con el imperio disuelto y el armisticio en marcha, Austria solo podía esperar los momentos finales de la guerra.

Aun así, las esperanzas de salvar la monarquía de los Habsburgo perduraban. Heinrich Lammasch fundó un nuevo gabinete el 22 de octubre. Era pacifista y esperaba tener aún tiempo para convencer a las numerosas naciones del Imperio austrohúngaro de que permanecieran en la federación. Sin embargo, acabó limitándose a supervisar la disolución del imperio. El gobierno y el emperador no tuvieron ninguna influencia en los acontecimientos que ocurrieron fuera de Viena, y firmaron un armisticio el 3 de noviembre de 1918. Para entonces, incluso los austríacos alemanes habían perdido la fe en la dinastía de los Habsburgo y ya no aceptaban ser gobernados por sus representantes. El 11 de noviembre, Carlos siguió el consejo de su nuevo primer ministro, Lammasch, y abdicó efectivamente del trono, aunque la palabra "abdicación" nunca se utilizó formalmente. En privado, Carlos creía en su derecho divino a gobernar, y parece que esperaba que los ciudadanos leales de Austria o Hungría lo llamaran de nuevo.

Pero eso no ocurrió. Al día siguiente, se estableció la República de Alemania-Austria, y el 16 de noviembre, Hungría anunció su independencia y la formación de la Primera República Húngara. Sin embargo, Carlos siguió ejerciendo su derecho a gobernar, y afirmó que la República de Alemania-Austria no le impedía su derecho a gobernar. Sin embargo, el 3 de abril de 1919, el gobierno germano-austríaco promulgó la Ley de los Habsburgo, que destronaba y desterraba oficialmente a la dinastía.

El Imperio austrohúngaro no fue la única monarquía que no sobrevivió a la Gran Guerra. En Rusia, los bolcheviques derrocaron a la dinastía imperial Romanov; en Alemania, los Hohenzollern gobernantes cayeron; y el Imperio otomano se disolvió efectivamente. Sin embargo, todos estos imperios continuaron viviendo en diferentes formas. Solo el Imperio de los Habsburgo desapareció prácticamente con la restauración de Polonia, Rumanía e Italia y con la formación del reino de Yugoslavia (también conocido como reino de los serbios, croatas y eslovenos). A Checoslovaquia y Hungría solo les interesaba gobernar sus territorios históricos, y el resto de Austria se integró en Alemania-Austria. Esta era una simple colección de provincias austriacas de habla alemana, pero no se veían como una nación independiente. Su plan inicial era ser absorbidos por la República de Alemania, ya que no querían seguir asociados a los Habsburgo.

Pero el destino de Austria aún no estaba sellado, y estas provincias saldrían adelante y seguirían cargando con la responsabilidad y la herencia del gran poder que una vez tuvo el Imperio austrohúngaro.

Capítulo 9: La Segunda Guerra Mundial

Soldados soviéticos en el Palacio de Schönbrunn en Viena (1945)
https://en.wikipedia.org/wiki/Allied-occupied_Austria#/media/File:
Мирные_будни_в_послевоеной_Вене-5.png

La Primera República de Austria

La República de Alemania-Austria era un estado sobrante, un trozo del Imperio de los Habsburgo que nadie quería. Su existencia fue anunciada el 12 de noviembre de 1918 por la asamblea de los miembros del Reichsrat alemán. El Tratado de Versalles, firmado el 28 de junio de 1919, recompensó a los dirigentes nacionales que se pusieron del lado de la Triple Entente con los territorios de la antigua monarquía austrohúngara. Hungría quedó reducida a un tercio de su territorio anterior. Esto dejó a muchas personas de etnia magiar fuera de las fronteras de su país de origen. Transilvania pasó a ser rumana y Vojvodina perteneció al reino de Yugoslavia. Gran parte de Carintia, la Carniola eslovena y el sur de Estiria también pasaron a formar parte del reino de Yugoslavia. Algo similar ocurrió en Bohemia, donde muchos austríacos alemanes se encontraron viviendo al otro lado de la frontera, atrapados en el recién formado estado checoslovaco. Pero para Austria, lo peor fue su pérdida frente a Italia, que ganó no solo las zonas de habla italiana de la monarquía, sino también la parte de habla alemana del Tirol (al sur del paso de Brenner) y parte de Carintia. En ese momento, el gobierno austríaco afirmó que solo seis millones de los diez millones y medio de austríacos alemanes vivían dentro de las fronteras de Austria.

Lo que quedaba del Imperio austrohúngaro se encontraba ahora en una grave crisis de identidad. Los austríacos alemanes deseaban distanciarse de su pasado y de la monarquía de los Habsburgo, y en mayo de 1919, Vorarlberg votó a favor de unirse a Suiza. Sin embargo, como Suiza no los quería y como Viena hizo caso omiso del voto, siguieron siendo austríacos. No obstante, muchos de sus ciudadanos se negaron a identificarse como austríacos y reivindicaron en su lugar la herencia alemana o suiza. El 12 de marzo de 1919, la recién elegida asamblea nacional de Austria llegó a declarar que Austria formaba parte de la República de Alemania.

Pero los Aliados no permitirían que eso sucediera. A los ojos de Francia, la culpa de la Primera Guerra Mundial debía recaer exclusivamente en Alemania, y sería absurdo permitirle crecer más allá de lo que era antes de 1914. La Triple Entente prohibió la unión de Austria y Alemania, a pesar de que entraba en conflicto con sus principios de creación de estados nacionales. La unión de Austria y Alemania, el llamado *Anschluss*, se convirtió en el punto central de la política austriaca, y se haría realidad en 1938, cuando Adolf Hitler estaba en el poder.

Y parece que los Aliados no se contentaron con negar la base nacional alemana para el nuevo estado, ya que también prohibieron el nombre que asumió el estado, "Austria Alemana". En su lugar, los Aliados insistieron en que el nuevo estado se llamara República de Austria, y se convirtió en la Primera República de Austria en septiembre de 1919. No importaba que sus ciudadanos renegaran de los Habsburgo y de su gobierno y no quisieran ser asociados con el Imperio de los Habsburgo. Los Aliados los veían como herederos de la antigua monarquía austriaca, y así fue precisamente como los trataron.

Los cuatro años de guerra llevaron a Austria al desastre económico. El resultado fue la pobreza y la angustia social. Comenzaron los disturbios y las manifestaciones, y la amenaza de una revolución se hizo real. El bolchevismo era ahora el mayor peligro para la recién fundada República de Alemania-Austria, especialmente cuando se estableció la República Soviética de Hungría el 21 de marzo de 1919. Los comunistas de Austria intentaron un golpe de estado en dos ocasiones, el 17 de abril y el 15 de junio. Pero los socialdemócratas austriacos y su canciller, Karl Renner, organizaron la Volkswehr (la Guardia del Pueblo), un ejército semirregular que reprimió activamente los intentos de los comunistas de hacerse con la república. A mediados de 1919, el Partido Comunista de Austria fue derrotado y se restableció el orden político y social en la república.

El 1 de octubre de 1920, la Primera República de Austria estableció su constitución. Se suprime el Consejo de Estado y se crea una asamblea legislativa bicameral. La cámara alta, el *Bundesrat*, se elegía en función de la población de cada estado. Tenía poder de veto suspensivo sobre toda la legislatura. La cámara baja, el *Nationalrat*, se elegía por sufragio universal. De este modo, se fundó la *Bundesversammlung*, o Parlamento austríaco. Tenía la facultad de elegir al presidente de la república, que ejercería un mandato de cuatro años. El gobierno federal y su canciller eran elegidos por la cámara baja. Sin embargo, aunque la República Austriaca finalmente tomó forma, el Anschluss siguió siendo su principal política. La actividad de varios partidos políticos hizo que la opinión pública apoyara la unión, pero según el Tratado de Saint-Germain-en-Laye, firmado en septiembre de 1919, Austria no podía unirse a Alemania sin el consentimiento de la Sociedad de Naciones.

Con la constitución en vigor, se celebraron nuevas elecciones en el verano de 1920, y los socialcristianos ganaron. Los socialdemócratas quedaron en segundo lugar y los nacionalistas alemanes en tercero. Como los socialcristianos obtuvieron ochenta y dos escaños, formaron un gabinete, y los socialdemócratas se convirtieron en su oposición. La división política dentro de Austria se endureció en los años siguientes, pero no hubo grandes cambios en el panorama político de la Primera República Austriaca. Aunque al principio la clase media urbana estaba inactiva, empezó a reunirse en torno al Partido Nacionalista Alemán, y en los años siguientes se unieron a él muchos obreros y campesinos que se sentían alemanes. Sin embargo, durante la década de 1920 no fueron lo suficientemente fuertes como para provocar grandes cambios políticos y sociales.

La principal tarea del nuevo gobierno de Austria fue recuperar la economía. Tras la guerra, los austríacos vivían de los suministros de socorro que recibían de Gran Bretaña y Estados Unidos. La producción en Austria mejoró, pero la demanda era tan grande que en 1922 se produjo una inflación que amenazaba con un colapso financiero. El canciller Ignaz Seipel consiguió un gran préstamo internacional para estabilizar la economía austriaca. A cambio, prometió que Austria seguiría siendo una república independiente al menos durante los siguientes veinte años. Se inició un periodo de estabilidad y recuperación económica, y el Partido Socialdemócrata, que controlaba Viena, puso en marcha un programa de vivienda y educación para la clase obrera.

En 1920 existían tres grandes partidos políticos en Austria y, aunque tenían plataformas muy democráticas, cada uno se preparaba para la posibilidad de una guerra civil. Los socialcristianos creían en un gobierno fuerte y consideraban que debían mantener el orden social frente a los revolucionarios marxistas. En las provincias se organizó una Fuerza de Defensa Interior (la *Heimwehr*) para defenderse de los eslavos, pero poco a poco empezaron a convertirse en una organización fascista. Los socialdemócratas creían que su programa social estaba en peligro, y comenzaron su defensa transformando la Guardia Popular en la Liga de Defensa (la *Schutzbund*). La Fuerza de Defensa del Pueblo y la Liga de Defensa se enfrentaron a menudo, y sus primeras víctimas inocentes fueron un anciano y un niño que murieron durante un disturbio en Schattendorf en 1927. Los miembros de la Defensa Interior fueron acusados del asesinato, pero fueron liberados por el jurado de Viena. En respuesta, los socialdemócratas organizaron protestas y manifestaciones masivas. El resultado fue el incendio del Ministerio de Justicia, y cien personas murieron en el intercambio de golpes entre la policía y los manifestantes. Los socialdemócratas agravaron la situación lanzando una huelga general e incitando a Seipel a responder con violencia. El orden social se restableció, pero las relaciones entre socialistas y no socialistas en Austria siguieron deteriorándose.

En diciembre de 1929, el parlamento emitió una serie de cambios constitucionales que elevaban la posición del presidente de la república. El presidente tenía ahora el poder de nombrar ministros y emitir decretos de emergencia. Al año siguiente, los socialdemócratas ganaron las elecciones y formaron su gabinete. Sin embargo, los acontecimientos de la política interior se vieron eclipsados por la aparición de la Gran Depresión, una crisis económica que se extendió por todo el mundo. En la primavera de 1931, los líderes del gobierno, Johann Schober y Otto Ender, intentaron impulsar una unión con Alemania con la esperanza de que les ayudara a evitar el colapso económico. Pero la fuerte oposición de las fuerzas extranjeras (principalmente Francia, Rumanía y Serbia) impidió que se produjera la unión. En mayo, el banco más influyente de Austria, el Creditanstalt, se declaró en quiebra, y con ello el desastre financiero y económico de la república era inminente.

El Partido Nacional Socialista alemán dio apoyo financiero al Partido Nazi austríaco, lo que provocó el crecimiento del partido. En 1932, empezaron a exigir elecciones generales, que se organizaron el 20 de mayo. Pero los socialcristianos ganaron, y Engelbert Dollfuss llenó su gabinete de conservadores.

Aumento del autoritarismo

La Gran Depresión obligó a Engelbert Dollfuss a obtener otro préstamo nacional de la Sociedad de Naciones, pero tuvo que prometer que Austria no buscaría ninguna forma de unificación con Alemania. Eso significaba que incluso una unión aduanera quedaba descartada. Austria empezó a recuperarse en el sector financiero, pero no pudo salir del todo del desastre económico que supuso la Gran Depresión. La promesa de Dollfuss solo sirvió para dividir el país a nivel político. Los socialdemócratas, los nacionalistas alemanes y los nacionalsocialistas (nazis) protestaron contra la decisión de Dollfuss, calificándola de "rendición ante las potencias occidentales". Los ejércitos privados de los partidos políticos siguieron provocando el caos en las calles de las principales ciudades, con frecuentes tiroteos y atentados. Aunque las cosas iban mal en la escena política austriaca, quedaba eclipsada por los acontecimientos en Alemania, donde los nazis estaban en alza. La miseria económica de Austria llevó a la gente a creer que el país no sería capaz de mantenerse, y una unión con Alemania se hizo cada vez más atractiva.

Cuando Hitler se convirtió en canciller alemán el 30 de enero de 1933, la amenaza de que el nazismo irrumpiera en Austria se hizo real. En respuesta, Dollfuss decidió aprovechar la crisis constitucional que se produjo el 4 de marzo, cuando los tres presidentes de la asamblea dimitieron. Dollfuss proclamó que el parlamento dejaba de funcionar. Los socialcristianos abandonaron los ideales parlamentarios y comenzaron a instaurar una forma de gobierno autoritaria conocida como "austrofascismo". Este fue el intento de Dollfuss de formar un gobierno antinazi, pero Hitler respondió implantando un impuesto a todos los alemanes que quisieran entrar en Austria.

Dollfuss demostró ser valiente en su trato con la Alemania nazi. En lugar de ceder a la intimidación, modeló Austria a imagen del fascismo de Italia y Hungría. Utilizó la *Heimwehr* pro-fascista para combatir a los socialdemócratas. En febrero de 1934 estalló una guerra civil que duró cuatro días, y el *Heimwehr* ganó, lo que permitió a Dollfuss proclamar la ilegalidad de los socialdemócratas. Muy pronto, todos los partidos políticos, excepto el Frente de la Patria (*Vaterländische Front*), fueron abolidos. Pero el Frente de la Patria no era más que socialistas cristianos con nuevos ropajes.

En la sesión parlamentaria de abril de 1934 se aceptó una constitución autoritaria. Se disolvieron todas las asambleas elegidas y se eliminaron las políticas democráticas de derechos humanos. Este parlamento autoritario tenía poderes tanto ejecutivos como legislativos. La Primera República de Austria también cambió su nombre, convirtiéndose en el Estado Federal de Austria.

El 25 de julio de 1934, Dollfuss fue asesinado por un grupo de nazis, que irrumpieron en la Cancillería y proclamaron su propio gobierno. El asesinato del líder austríaco provocó la indignación internacional y los líderes nazis austríacos se vieron obligados a rendirse. Todos fueron ejecutados. Hitler no pudo reaccionar porque el líder de Italia, Benito Mussolini, y los líderes de otras naciones europeas lanzaron su apoyo a Austria. A pesar de la condena mundial, el éxito económico de la Alemania de Hitler hizo que la población austríaca se volviera leal al movimiento nazi. El Tercer Reich parecía mucho más impresionante que el gobierno autoritario del sucesor de Dolfuss, Kurt Schuschnigg. El desarrollo de la economía austriaca fue lento. Aunque el chelín era fuerte, el estado financiero de los ciudadanos apenas mejoraba, y no había nuevas ofertas de trabajo a la vista. La tasa de desempleo se mantenía en torno al 20 por ciento desde el final de la Primera Guerra Mundial.

En política exterior, Austria se apoyó sobre todo en la Italia fascista, que era ideológicamente similar a Austria. Gran Bretaña y Francia apoyaron la denuncia del nazismo de Hitler por parte de Austria, pero hicieron poco para apoyar al austrofascismo. Italia, Francia y Gran Bretaña formaron el Frente de Stresa en abril de 1935 para oponerse a la movilización de Alemania por parte de Hitler, que violaba el Tratado de Versalles. Pero en octubre de 1935, Italia invadió el Imperio etíope y perdió el apoyo de las potencias occidentales, y el Frente de Stresa se derrumbó. Mussolini empezó a acercarse a Hitler y se formó una alianza un año después, en octubre de 1936.

Austria quedó atrapada entre las dos potencias. Incapaz de abandonar a su aliada Italia, Austria tuvo que plantearse acercarse a Alemania de forma pacífica. Mussolini consiguió persuadir a Schuschnigg para que considerara la posibilidad de colaborar con Hitler. En realidad, Schuschnigg tuvo que acceder, ya que Austria estaba vinculada a Italia por los Protocolos de Roma de 1934. El 11 de julio de 1936, Alemania reconoció la soberanía austriaca y levantó el impuesto al turismo. Pero Hitler nunca tuvo la intención de cumplir su promesa de que no intervendría en la política austriaca, lo que significa que la independencia de Austria llegaba a su fin. A cambio del reconocimiento de la soberanía, Austria prometió que detendría toda la propaganda antinazi y que liberaría a todos los prisioneros nazis, unos diecisiete mil. Schuschnigg también permitió que la influencia del *Heimwehr* disminuyera en favor del nacionalismo alemán. Esto llevó a la aceptación de Hitler en los círculos políticos y sociales fascistas de Austria. En octubre, todas las milicias se disolvieron, incluida la *Heimwehr*.

Después de que Italia se convirtiera en aliada de Alemania, ya no se preocupaba por mantener la integridad de Austria. Cuando Alemania prometió el Tirol del Sur a Italia, se hizo evidente que Hitler pretendía ocupar Austria y que Mussolini lo permitiría. Schuschnigg era consciente de que no contaba con apoyo extranjero, así que formó el Volkspolitisches Referat con la intención de preservar los intereses nacionales austríacos. Sin embargo, la mayoría de los miembros del Referat eran leales a Alemania.

El Plan Cuatrienal de Hitler para preparar a Alemania para la Segunda Guerra Mundial estaba ya muy avanzado, pero se hizo evidente que Alemania no tenía suficientes recursos para abastecer a su ejército. Los alemanes necesitaban acceder a la industria siderúrgica austriaca y a las materias primas. El jefe al mando del Plan Cuatrienal, Hermann Göring, impulsó la unión de Austria y Alemania. El 12 de febrero de 1938, Schuschnigg se reunió con Hitler, con la esperanza de poder convencer al líder alemán de que abandonara sus planes de unificación. Pero a cambio, se le presentaron una serie de exigencias. Para que Hitler reafirmara la integridad nacional y la soberanía de Austria, Schuschnigg tenía que permitir que los funcionarios nazis asumieran los principales cargos gubernamentales de Austria. La policía debía estar bajo el mando directo de los nazis, y el partidario de los nazis Arthur Seyss-Inquart se convertiría en el ministro de Seguridad Nacional. Cuando Schuschnigg anunció sus planes de organizar un referéndum para tratar la cuestión de la unificación con Alemania, Hitler exigió su dimisión como canciller. Ante la amenaza de invasión alemana, Kurt Schuschnigg buscó la ayuda de Francia y Gran Bretaña, pero no la recibió. Para evitar un derramamiento de sangre, se vio obligado a dimitir el 11 de marzo de 1938, lo que permitió a la Alemania nazi apoderarse de Austria.

Ya no existía Austria. Fue absorbida por completo por Alemania y se le cambió el nombre por el de Ostmark ("Marca del Este"). La Alta y la Baja Austria también fueron rebautizadas para erradicar por completo el nombre de Austria, convirtiéndose en el Alto y el Bajo Danubio. Hitler ordenó una invasión, pero se convirtió en una marcha triunfal, ya que no quedaba nadie en Austria para oponerse a las tropas alemanas. Sus opositores políticos fueron inmediatamente arrestados, en particular, los socialistas y los comunistas. Los austríacos, en general, apoyaron el *Anschluss*. Pero, aunque muchos querían la unión con Alemania, no todos querían que se produjera bajo el dominio nazi. De hecho, los historiadores austríacos contemporáneos a menudo se saltan el periodo entre 1938 y 1945, diciendo que Austria no existía entonces y que todos los acontecimientos que ocurrieron en el estado formaban parte de la historia alemana. Sin embargo, el *Anschluss* se produjo, y el plebiscito del 10 de abril mostró que el 99,75% de los austríacos apoyaba la unión. Este apoyo podría haber sido extorsionado, pero la aceptación de la toma del poder por parte de los nazis demuestra que la nación se conformaba con lo inevitable.

Los nuevos dirigentes nazis de Austria iniciaron la recuperación económica del país, que ahora era una región del Tercer Reich. En Linz, la industria siderúrgica quedó bajo la supervisión de Hermann Göring, y el porcentaje de desempleo comenzó a descender. Sin duda, los nazis trajeron la prosperidad a Austria, pero no sin víctimas. Los primeros en sufrir fueron los judíos, ya que su expulsión comenzó casi inmediatamente. Miles de judíos perdieron sus empleos, lo que creó artificialmente puestos de trabajo. Se vieron obligados a vender sus propiedades para sobrevivir, a menudo por un precio mucho menor. Algunos judíos fueron arrestados bajo cargos falsos, y sus propiedades fueron confiscadas por el Estado. Los niños judíos fueron expulsados de las escuelas arias, y la disponibilidad de la educación superior se redujo severamente para ellos. Debido a las dificultades que les esperaban en Viena, muchas familias judías decidieron abandonar Austria. Más tarde se demostró que esta decisión les salvó la vida.

La Segunda Guerra Mundial

La noche del 9 al 10 de noviembre de 1938 comenzó el pogromo de los judíos. Se recuerda como la "Noche de los cristales rotos", o *Kristallnacht*. El nombre hace referencia a los cristales rotos que había por todas las calles de las ciudades alemanas, dejados por la violencia ejercida sobre las familias judías y sus hogares. La *Kristallnacht* se extendió a Austria. La violencia fue aún más grave en Viena, donde miles de judíos fueron asesinados y muchas de sus casas y templos fueron quemados. En Austria, el antisemitismo adoptó una nueva forma, conocida como el *Modelo Wiener* (modelo vienés), en el que las familias judías eran asesinadas o expulsadas de la ciudad, y sus propiedades confiscadas o destruidas. La Alemania nazi adoptaría este modelo y lo utilizaría no solo en su propio país, sino también en todos los demás países que llegaría a ocupar.

La Noche de los Cristales rotos surgió como respuesta al asesinato de un diplomático alemán en París, Ernst vom Rath. Fue asesinado por un joven judío, Herschel Grynszpan, enfadado por el trato que los funcionarios alemanes daban a su pueblo. En Austria, el antisemitismo era especialmente atractivo para la población más joven, que creía en la propaganda de Hitler de que los judíos eran los culpables del desastre que supuso la Gran Guerra y de la caída económica que le siguió. Incluso antes de que comenzara la Segunda Guerra Mundial en 1939, Austria exilió a unos 125.000 de sus habitantes judíos. Alrededor de 650.000 judíos fueron asesinados al final de la guerra. Pero los judíos no fueron las únicas víctimas del régimen nazi. Hitler también pensaba que los eslavos eran inferiores, y muchos de ellos fueron deportados a campos de trabajo. Otra minoría étnica que sufrió fue el pueblo romaní, así como los austríacos con discapacidades mentales y físicas y los pertenecientes a la comunidad gay. La mayoría de ellos fueron asesinados en el centro de eutanasia establecido en el castillo de Hartheim, cerca de Linz.

El éxodo de los judíos significaba que todas esas personas necesitaban encontrar un nuevo hogar. Los Estados Unidos, Gran Bretaña y la Palestina controlada por los británicos ya habían aplicado restricciones a los refugiados y solo acogieron a un pequeño número de judíos austríacos. El resto tuvo que buscar una oportunidad en cualquier país que se considerara seguro y los acogiera. Entre los que escaparon durante las primeras etapas del nazismo en Austria había judíos que se convertirían en la columna vertebral del mundo intelectual de Europa Occidental, como Sigmund Freud y Victor Weisskopf, este último trabajó en el desarrollo de una bomba nuclear en Estados Unidos durante la Segunda Guerra Mundial. Sin embargo, los que se refugiaron en países de la Europa continental, como Francia, Checoslovaquia u Holanda, volvieron a quedar atrapados en la red de los nazis una vez que las fuerzas del Eje ocuparon esas tierras. Se calcula que casi un tercio de todos los refugiados judíos de Austria no sobrevivieron a la Segunda Guerra Mundial.

En Viena, los judíos restantes se vieron obligados a vivir en guetos y, finalmente, en campos de concentración, ya que a sus vecinos les molestaba vivir junto a ellos. Los primeros campos de concentración iban a estar cerca de Viena, pero la rápida victoria de las Potencias del Eje en Polonia cambió esos planes. Los judíos fueron enviados al este en masa. Allí trabajaron como prisioneros y esperaron su eventual aniquilación. En 1941, todos los judíos que quedaban en Viena fueron deportados a Polonia.

Cuando Hitler ocupó Austria, fue recibido casi como un salvador. Los jóvenes lo veían como su liberador del desastre económico de la Gran Depresión. Y efectivamente, el régimen nazi elevó la industria y la economía de Austria. La mayoría de los austríacos dieron su apoyo al régimen, por activa y por pasiva. No es sorprendente saber que, aunque solo representaban el 10 por ciento de la población del Tercer Reich, los austríacos desempeñaron un papel importante como soldados y guardias de los campos de concentración. Se calcula que casi la mitad del personal de los campos del Holocausto eran austríacos, y que fueron responsables directos de la muerte de aproximadamente tres millones de judíos. La mayor culpa del Holocausto se atribuye a Alemania, pero los austríacos comparten la responsabilidad, aunque es una parte muy dolorosa de la historia.

El régimen nazi no solo invirtió en las industrias austríacas, lo que hizo para poder utilizar los recursos de Austria, sino que también instaló allí sus principales campamentos militares alemanes. Esto se debió a que el territorio austríaco estaba bien vigilado por las potencias del Eje, y los bombarderos aliados tenían dificultades para llegar a ciudades como Viena o Linz, la ciudad natal de Hitler. Wiener Neustadt se convirtió en la mayor fábrica de aviones del Tercer Reich, y estaba conectada con Viena y Salzburgo con la Autobahn.

Tras la ocupación alemana, el desempleo en Austria prácticamente desapareció en pocos meses. Pero con los cambios económicos llegaron los sociales. Los campesinos y los empleados domésticos tuvieron que buscar fortuna en las ciudades que carecían de trabajadores industriales. Consideraron este fenómeno como una emancipación para muchas clases sociales, especialmente los campesinos. Los nuevos puestos de trabajo bien remunerados, la mejora de las infraestructuras de Austria e incluso la arianización de la nación fueron bien recibidos por la población. Pero no todos los esfuerzos de modernización fueron bien recibidos. El régimen nazi restringió la Iglesia católica e impuso nuevos impuestos a las instituciones religiosas y a los asistentes a las misas. Como católicos profundos, los austríacos, especialmente los de los círculos conservadores, desaprobaron los ataques a la iglesia. Muchos se vieron obligados a abandonar la iglesia por no poder pagar el impuesto.

Otra razón por la que los austríacos resentían la anexión y el *Anschluss*, así como el régimen nazi, era el hecho de que todos los puestos gubernamentales, educativos e institucionales clave estaban ahora ocupados por nazis alemanes en lugar de austríacos. Aquellos que ayudaron al régimen fueron recompensados, pero se les dio puestos lejos, en los Países Bajos, Croacia o Polonia, o se les dio puestos clave en los campos de concentración. Esta podría ser una de las razones por las que los austríacos fueron la mayoría que cometió las atrocidades del Holocausto. Con el tiempo, los nazis austríacos y los austríacos, en general, empezaron a generar malestar contra sus homólogos alemanes. No ayudó el hecho de que los nazis alemanes recién llegados consiguieran recoger todas las fortunas materiales dejadas por los judíos que huían. Fue este resentimiento hacia los nazis alemanes lo que mantuvo viva la identidad austríaca. Para diferenciarse, los austríacos insistieron en preservar su herencia austríaca, y lo hicieron a través del arte y la cultura, reclamando la fama nacional de las obras de individuos como Gustav Klimt (pintor) y Josef Weinheber (poeta).

Las potencias del Eje lograron tomar Europa con sus innovadoras tácticas de guerra relámpago. En 1941, dominaban la Europa continental central y occidental, y los ejércitos del Eje se apoderaban también de los territorios del sureste. A los austríacos les debió parecer que el régimen nazi estaba demostrando el derecho de la raza aria a tener un dominio cultural y militar. Cuando las fuerzas de Hitler tomaron territorios en el norte de África, parecía que no había forma de detenerlo.

Pero Gran Bretaña resultó imposible de conquistar. Al estar aislado, el país insular resistió y se convirtió en el bastión de la oposición a Hitler. Sin embargo, en comparación con el poderío de las potencias del Eje y lo que hizo en Europa y más allá, incluso Gran Bretaña parecía una potencia insignificante. En el verano de 1941, el Frente Oriental quedó destrozado y el ejército alemán se precipitó hacia Moscú. El triunfo de los nazis era inminente, y los austríacos compartían el triunfo, ya que muchos de los soldados eran, de hecho, austríacos. Para entonces, los alemanes consideraban a los austríacos como una nación de plena confianza y completamente alemana. Estaban completamente integrados en el ejército alemán, y es difícil discernir su número real. Pero esto no habría ocurrido si los austríacos no estuvieran dispuestos. Fue su sentido de pertenencia y su sentido del deber lo que permitió al mundo verlos como una sola nación alemana. Por eso es difícil diferenciar la historia alemana de la austriaca durante la Segunda Guerra Mundial.

Sin embargo, hubo austríacos que no quisieron renunciar a su identidad nacional separada. Se resistieron y ayudaron a los judíos, por lo que fueron severamente castigados. Alrededor de 32.000 austríacos que no eran de origen judío murieron en prisiones o campos de concentración. Más de 100.000 austríacos fueron arrestados como enemigos políticos del Tercer Reich. Unos 20.000 más fueron ejecutados por motivos políticos. Teniendo en cuenta que la población austríaca era de unos 7 millones de habitantes, estas cifras no son insignificantes. Aun así, la resistencia austríaca quedó empequeñecida por el ejército austríaco que sirvió al Tercer Reich. Fueron cruciales para tomar los Balcanes, así como las regiones montañosas de Noruega (donde la unidad de montaña austríaca demostró ser inestimable).

Pero cuando la situación cambió y las potencias del Eje empezaron a perder la guerra, las tropas austríacas fueron las primeras en sufrir. En Stalingrado, durante la campaña de invierno de 1943, se perdieron más de 50.000 soldados austríacos. De todo el regimiento, solo 1.200 regresaron a casa. Más de 247.000 soldados austríacos murieron durante la Segunda Guerra Mundial.

La derrota en Stalingrado en 1943 hizo que muchos austríacos se arrepintieran de haber apoyado al régimen nazi. Fue entonces cuando los austríacos empezaron a recordar su herencia austriaca. Muchos se unieron al movimiento de resistencia, pero la mayoría siguió apoyando a Hitler hasta el final. En agosto de 1943, los Aliados comenzaron a avanzar en Italia, lo que permitió que el bombardeo de Austria fuera finalmente posible. El 13 de agosto, las primeras bombas cayeron sobre Wiener Neustadt. En el Frente Oriental, los rusos hicieron retroceder a los alemanes, y en el Oeste, el 6 de junio de 1944, se lanzó la invasión del día D.

Se hizo evidente para el Eje que perdería la guerra, aunque Hitler sobrevivió a un intento de asesinato en julio, permitiendo que la guerra continuara. La última ola de derrotismo se extendió cuando Estados Unidos bombardeó Viena en septiembre de 1944. Baldur von Schirach, el gobernador alemán nazi de Viena, suplicó a Hitler que convirtiera la capital austriaca en una zona desmilitarizada, pero el Führer se negó. En octubre, la resistencia creció y tomó su forma definitiva bajo el nombre en clave "O5". El número cinco representa la letra E, ya que es la quinta letra del alfabeto. Así, el nombre en clave se deletrea "OE", que significa *Österreich* (Austria).

En febrero, los rusos se acercaban a Austria. Tomaron Budapest y continuaron bombardeando Viena. La culminación de estos acontecimientos llegó el 12 de marzo de 1945, cuando se lanzó el ataque sobre Viena. Muchos monumentos de la ciudad resultaron dañados o destruidos, y los ciudadanos empezaron a resentirse abiertamente con el régimen nazi por no haberles protegido. Sin embargo, el régimen seguía contando con el apoyo de la mayoría de los austríacos. En abril se descubrió un complot para entregar Viena a los soviéticos, y los principales culpables fueron ejecutados inmediatamente. No obstante, los soviéticos intentaron tomar Viena en una batalla que tuvo lugar entre el 6 y el 13 de abril. Las tropas austriacas hicieron su última resistencia en Marchfeld, pero no entraron en combate. El 8 de mayo, las tropas estadounidenses y rusas se encontraron en el Enns, poniendo fin a las hostilidades en Austria. Hitler ya se había suicidado en su búnker de Berlín, y el 7 de mayo, Alemania había capitulado.

En febrero, los rusos se acercaban a Austria. Tomaron Budapest y continuaron bombardeando Viena. La culminación de estos acontecimientos llegó el 12 de marzo de 1945, cuando se lanzó el asalto a Viena. Muchos monumentos de la ciudad resultaron dañados o destruidos, y los ciudadanos empezaron a resentirse abiertamente con el régimen nazi por no haberles protegido. Sin embargo, el régimen seguía contando con el apoyo de la mayoría de los austríacos. En abril se descubrió un complot para entregar Viena a los soviéticos, y los principales culpables fueron ejecutados inmediatamente. No obstante, los soviéticos intentaron tomar Viena en una batalla que tuvo lugar entre el 6 y el 13 de abril. Las tropas austriacas hicieron su última resistencia en Marchfeld, pero no entraron en combate. El 8 de mayo, las tropas estadounidenses y rusas se encontraron en el Enns, poniendo fin a las hostilidades en Austria. Hitler ya se había suicidado en su búnker de Berlín, y el 7 de mayo, Alemania había capitulado.

La resistencia austríaca, el "O5", solo fue efectiva durante las etapas finales de la guerra y tras la caída de Viena el 13 de abril. La rama occidental de la resistencia lanzó su plan de rebelión el 1 de mayo, atacando a las fuerzas alemanas. Cuando las tropas estadounidenses entraron en Innsbruck el 5 de mayo, la resistencia ya mantenía la ciudad. Pero el éxito de la resistencia en el oeste de Austria se debió a que la población prefería la ocupación estadounidense a la rusa. Los rusos estaban solos y tuvieron que luchar por el territorio que tomaron. Los estadounidenses, en cambio, no opusieron mucha resistencia, y los austríacos se rindieron a las tropas estadounidenses de buena gana, contentos de que los estadounidenses llegaran a ellos antes que los rusos.

Con el fin de la guerra llegó la cuestión de qué hacer con Austria. ¿Debe seguir siendo alemana? ¿O debería volver a ser independiente? El primer ministro británico Winston Churchill abogó por la independencia de Austria, pero no porque creyera en una nación austriaca autodeterminada. Quería utilizar la independencia de Austria para socavar la lealtad austriaca a Alemania y a los restos del régimen nazi. De hecho, los Aliados ya acordaron la restauración de Austria en 1941, cuando Estados Unidos y la Unión Soviética entraron en la guerra. La narrativa de la época era que Austria era la primera víctima de la Alemania nazi y que debía ser liberada. Sin embargo, había que recordar a Austria que había participado voluntariamente en la guerra y que debía asumir su parte de responsabilidad.

Capítulo 10: La Austria moderna

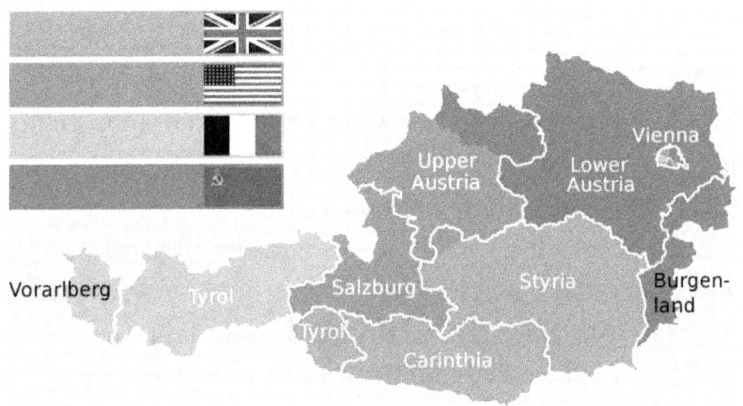

División administrativa de Austria tras la Segunda Guerra Mundial
https://en.wikipedia.org/wiki/Allied-
occupied_Austria#/media/File:Austria_Occupation_Zones_1945-
55_en.svg

La Austria de la posguerra

La Segunda República de Austria se proclamó el 27 de abril de 1945. Fue una restauración de la antigua república, pero no fue celebrada por su pueblo. Por el contrario, estaban devastados y moralmente degradados por la pérdida de la Segunda Guerra Mundial y el derrocamiento del régimen nazi. La ruina física, moral, económica y política siguió a la desintegración del Tercer Reich. Pero, según los Aliados, Austria había sido ocupada por el Tercer Reich, lo que significa que nunca fue realmente parte de Alemania. Y aunque el pueblo austríaco veía a los Aliados como los ocupantes, los aliados se llamaban a sí mismos los liberadores. La confusión se produjo y la gente tuvo que cambiar repentinamente su visión del mundo político y social. Sin embargo, pronto se dieron cuenta de que una Austria liberada sería mucho menos responsable de las atrocidades de guerra cometidas por el Tercer Reich que si seguía siendo una provincia alemana bajo la ocupación de los Aliados. No obstante, el periodo comprendido entre 1945 y 1955, cuando Austria se proclamó finalmente independiente, sigue llamándose periodo de ocupación. Aun así, el mito de la fundación de la Segunda República en 1945 conserva la narrativa de que Austria fue la primera víctima de la Alemania nazi.

Este mito de la inocencia de Austria fue apoyado por los Aliados, que querían sacar a Austria de la esfera de influencia alemana y alistarla en su bando para la próxima Guerra Fría. Austria aprovechó la oportunidad para evitar las consecuencias de su participación en la Segunda Guerra Mundial. El Primer Acuerdo de Control, firmado el 4 de julio de 1945, puso a Austria bajo el control directo del Consejo Aliado. El Consejo estaba compuesto por cuatro comisarios militares, que establecieron distintas zonas de ocupación. Las tropas tuvieron que ser reposicionadas y los soldados estadounidenses tuvieron que abandonar la región de Mühlviertel, en la Alta Austria, ya que iba a quedar bajo control soviético. Vorarlberg y Tirol quedaron bajo control francés, y los estadounidenses controlaron el resto de la Alta Austria y Salzburgo. Los británicos se hicieron con el control de Tirol Oriental, Carintia y Estiria, mientras que los soviéticos recibieron Mühlviertel en la Alta Austria, toda la Baja Austria y Burgenland. Viena, como capital de Austria, se dividió en cuatro distritos, y cada potencia aliada controló uno. Solo el centro de la ciudad estaba bajo administración conjunta.

De las cuatro potencias aliadas, solo la Unión Soviética trató su parte de Austria como territorio ocupado. Retiraron las industrias pesadas y las enviaron a Rusia. También secuestraron la economía del este de Austria y utilizaron sus recursos como si pertenecieran a la Unión Soviética. La administración soviética se hizo famosa por su crueldad. Sin embargo, las otras zonas ocupadas fueron diferentes. Los franceses fueron bien recibidos por los austríacos porque eran los más benévolos. Los británicos fueron apreciados porque sirvieron de protección contra los esfuerzos yugoslavos por hacerse con parte del territorio austríaco. Los estadounidenses también fueron valorados porque se adaptaron rápidamente y adoptaron el mismo tono que los franceses. La administración de la zona ocupada por el presidente estadounidense Harry Truman trajo consigo prosperidad y beneficios económicos. Tras el final de la guerra, los estadounidenses abogaron por la ayuda humanitaria para la Austria liberada y, en 1946, pusieron en marcha la ayuda alimentaria, así como el suministro de combustible para el frío invierno.

El Plan Marshall de Estados Unidos fue un programa diseñado para recuperar la economía europea. Comenzó en junio de 1947 y Austria se benefició de él, recibiendo unos mil millones de dólares en los años siguientes. La mayor parte de estos fondos se invirtieron en infraestructuras, mientras que el resto se utilizó para ayudar a recuperar la economía austriaca. En el verano de 1947, los estadounidenses también pagaron trescientos millones de dólares como reembolso por su ocupación. Este dinero también se aprovechó e impulsó la economía austriaca.

Pero la benevolencia occidental hacia la Segunda República Austriaca no fue gratuita. Austria iba a tener un papel fundamental en la Guerra Fría, ya que era un país centroeuropeo que servía de puente entre el Este y el Oeste. Austria aceptó de buen grado su papel en la Guerra Fría, ya que sus nuevos dirigentes eran conscientes de los beneficios que podía reportarles. Las elecciones se organizaron ya el 25 de noviembre de 1945, y su éxito permitió al nuevo gobierno de

Austria convencer a los Aliados de que les concedieran una autonomía considerable.

Las elecciones fueron ganadas por una coalición formada por democristianos y socialdemócratas, y juntos obtuvieron más del 90% de los votos. El temor a que Austria se convirtiera en otro país comunista se disipó, ya que el Partido Comunista solo obtuvo el 5 por ciento de los votos. Karl Renner se convirtió en el presidente de Austria y nombró a Leopold Figl como canciller federal.

El Segundo Acuerdo de Control, que tuvo lugar el 28 de junio de 1946, concedió tanta autonomía a Austria que los Aliados asumieron el papel de meros supervisores. No obstante, la administración aliada seguía teniendo el poder de vetar la legislación austriaca, pero solo si todas las potencias estaban de acuerdo. En julio, los bancos habían sido nacionalizados, así como las industrias pesadas. La Unión Soviética ya no podía explotar las zonas de ocupación y enviar recursos a Rusia.

Pero tendrían que pasar muchos años antes de que Austria lograra convencer a los Aliados de que les concedieran la libertad total y pusieran fin a la ocupación. Las negociaciones comenzaron en 1947 y pasaron ocho años hasta que se firmó el Tratado de Estado austriaco. La razón principal de la prolongación de la ocupación fue la Guerra Fría. Las potencias occidentales no estaban dispuestas a renunciar a una Austria estratégicamente situada, como tampoco lo estaban los rusos. El enfrentamiento de la Guerra Fría se prolongó durante todo el año 1948 y 1949, y Austria no pudo moverse en el terreno diplomático hasta la muerte del líder ruso Joseph Stalin en 1953.

Julius Raab se convirtió en canciller austríaco en 1953, y exploró la idea de que Austria se convirtiera en un país neutral, como Suiza. Esto resolvería el enfrentamiento que era el centro de la política austriaca. Pero harían falta años de maniobras diplomáticas para que Austria rompiera finalmente las cadenas que la encerraban en la Guerra Fría. Con el ascenso de Nikita Khrushchev como líder de la Unión Soviética, Austria tuvo por fin la oportunidad de romper.

Jruschov estaba ansioso por reparar las relaciones rusas con Occidente, y estaba dispuesto a dejar que Austria abandonara la esfera de influencia soviética. De hecho, Austria llegó primero a un acuerdo en torno a su promesa de convertirse en un país neutral con Rusia. El 15 de mayo de 1955 se firmó el Tratado de Estado austríaco. Fue firmado en el Palacio del Belvedere de Viena por los ministros de Asuntos Exteriores de las cuatro potencias que ocupaban Austria. Tres meses después, todas las tropas militares de ocupación abandonaron el país. El Parlamento austríaco aprobó la ley de neutralidad del Estado el 26 de octubre de 1955.

El Tratado de Estado austríaco dejó por fin a Austria como un país completamente independiente y libre. La neutralidad prometida alejó aún más a la república de Alemania y permitió a sus ciudadanos volver a asumir su identidad austríaca perdida. La neutralidad también supuso retos, especialmente en el ámbito económico, pero fue el precio a pagar por la independencia. Pero el principal beneficio de la neutralidad fue que los Aliados aceptaron eximir a Austria de su parte de responsabilidad en la Segunda Guerra Mundial. La república pudo sacudirse los horrores de su pasado y mirar hacia la futura estabilidad social y económica.

El progreso

Tras recuperar su independencia, hasta los años 70, Austria tuvo que pasar por una serie de luchas económicas y políticas para convertirse en el modelo de paz y prosperidad nacional que es ahora. La crisis industrial que se produjo en la década de 1950 dio impulso a los comunistas, que salieron a la calle y organizaron huelgas generales. Aunque las huelgas fracasaron, la economía siguió sufriendo debido a una inflación galopante. La economía social de mercado se introdujo con las reformas económicas Raab-Kamitz, llamadas así por el canciller Julius Raab y su ministro de finanzas, Reinhard Kamitz. Se ocuparon de la tasa de desempleo iniciando grandes proyectos de construcción, como el desarrollo de la Autobahn y la construcción de una planta hidroeléctrica. A mediados de la década de 1950, se introdujeron los primeros trabajadores extranjeros (procedentes de Grecia e Italia) en las obras de construcción de Austria para ayudar a satisfacer la demanda de mano de obra.

Con la toma de posesión soviética de Hungría en 1956, Austria recibió unos 180.000 refugiados húngaros. Esto mejoró la imagen de Austria en Occidente e impulsó aún más la economía. Viena fue un lugar de encuentro entre el Este y el Oeste, y en 1961, Nikita Khrushchev y John F. Kennedy se reunieron allí durante la cumbre en la que se discutió el destino de Berlín. Cuando se fundó la Comunidad Económica Europea (CEE) en 1957, los dirigentes austríacos temían que su país quedara excluido del mercado debido a su neutralidad. Pero en 1960, Austria se adhirió a la Asociación Europea de Libre Comercio (AELC), demostrando que su neutralidad política ya no era un obstáculo para su economía.

Mientras el crecimiento económico y político de Austria continuaba durante la década de 1960, una cuestión candente hizo que todos los partidos políticos trabajaran juntos. ¿Debía permitirse a los Habsburgo venir a visitar su patria después de haber renunciado a su derecho a gobernar? El Tribunal Administrativo decidió en 1963 que se debía permitir la entrada a Otto von Habsburg, el hijo mayor del último emperador austríaco, Carlos I. Los socialdemócratas y el Partido de la Libertad de Austria se opusieron a esta decisión y, aunque formalmente se le permitió entrar en Austria, Otto von Habsburg fue persuadido de no hacerlo.

Durante la década de los sesenta, Austria no sufrió ninguna crisis importante, pero surgieron algunas preocupaciones debido a la presencia de ex profesores nazis en la Universidad de Viena, así como a la corrupción existente en el gobierno y la administración estatal. Pero se trataba de escándalos, fáciles de solucionar, y nada que necesitara una intervención internacional. Austria demostró que podía ocuparse de su política interior.

La estabilidad política impulsó a la república a su espectacular ascenso económico y a la mejora de la vida de los ciudadanos. La siderurgia de Linz, fundada y desarrollada por el Tercer Reich, siguió siendo una de las industrias siderúrgicas con mejor rendimiento del mundo. Gracias a una inteligente política interna, la industria se nacionalizó y llevó a la república a su auge económico. Austria siguió invirtiendo en infraestructuras y empresas, y pronto se convirtió en uno de los países europeos más ricos.

Con esta prosperidad y el aumento del nivel de vida, Austria se volvió atractiva para los turistas. Los primeros visitantes fueron los alemanes, pero el gobierno siguió invirtiendo en el sector turístico y empezó a trabajar para atraer a visitantes británicos y estadounidenses. Anualmente, Austria recibe unos treinta y dos millones de turistas extranjeros, de los cuales catorce millones visitan solo Viena. El patrimonio cultural austríaco es enorme, y muestra sobre todo la nostalgia hacia el dominio de los Habsburgo. Pero el gobierno también ha desarrollado muchos centros deportivos, y Austria es conocida por ser un país de las maravillas invernales, con sus estaciones de esquí y sus pintorescos pueblos enclavados en las altas cordilleras de los Alpes.

En 1971, la cuestión de Tirol del Sur se resolvió cuando el presidente austríaco, Franz Josef Jonas, visitó Italia. Tras la Segunda Guerra Mundial, los italianos fusionaron Tirol del Sur de habla alemana con el Trentino de habla italiana, y desde entonces los austríacos se sintieron engañados. El resentimiento hacia Italia llegó a provocar algunos atentados terroristas. Sin embargo, en 1969 se prometió al Tirol del Sur su autonomía siempre que permaneciera dentro de Italia. La visita de Estado de Franz Jonas condujo a la mejora de las relaciones diplomáticas entre Austria e Italia, y en 1972, Italia levantó finalmente su veto a la adhesión de Austria a la CEE. Sin embargo, Austria permaneció neutral, y sus dirigentes utilizaron esta condición de Estado no alineado para beneficiarse de sus vecinos tanto del Oeste como del Este. Afortunadamente, la neutralidad de

Austria nunca fue puesta a prueba militarmente, y el país pudo continuar su fuerte ascenso económico. En la década de 1980, Austria se convirtió en el Estado más atractivo para emigrar debido a su buen programa social, sus leyes sobre la familia y la igualdad, y su economía estable y en constante crecimiento.

Austria se convirtió en miembro de pleno derecho de la Unión Europea (UE) el 1 de enero de 1995, pero los principales partidos políticos no se ponían de acuerdo sobre cuál iba a ser el estatus militar de Austria en el futuro. ¿Debía permanecer neutral o alinearse con los demás países de la UE? Austria era miembro de las Naciones Unidas desde su independencia en 1955, pero, aunque su ejército servía como cascos azules para el mantenimiento de la paz, mantenía su neutralidad. Los socialdemócratas siguieron abogando por la neutralidad, pero el Partido Popular impulsó la integración total en el programa de seguridad de la UE e incluso confió en un futuro ingreso en la OTAN (Organización del Tratado del Atlántico Norte). Pero a día de hoy, Austria sigue siendo neutral, y es uno de los seis Estados miembros de la UE que no forman parte de la OTAN. En 1998, Austria asumió la presidencia de la UE, y la Segunda República Austriaca alcanzó su máximo prestigio. Al año siguiente, Austria supervisó la introducción de la moneda de la UE, el euro.

La Austria actual tiene una vida cultural y social secular. Con la integración de muchos refugiados de guerra y solicitantes de asilo, así como con los inmigrantes económicos musulmanes, la sociedad austriaca se hizo multicultural, cosmopolita y abierta a las influencias internacionales. Pero en los últimos años, la xenofobia ha vuelto a la política estatal, amenazando con poner fin a una era de paz y prosperidad. Los conservadores siguen manteniendo una opinión escéptica sobre la acogida de tantos inmigrantes, y afirman que los valores europeos y austríacos están en peligro. Sin embargo, los conservadores no han conseguido convencer a la mayoría de la población austriaca, y la Segunda República de Austria sigue siendo una de las sociedades más democráticas y abiertas de Europa.

Conclusión

Los austríacos modernos son una nación sin historia. O tal vez sería correcto decir que la historia de Austria es una historia sin nación. El pueblo de Austria, un batiburrillo multiétnico, lucha por construir su identidad nacional incluso hoy en día. Tal vez incluso más que en el pasado, con todos los inmigrantes y refugiados que han recibido. Pero los austríacos los recibieron con los brazos abiertos, demostrando que ya no están atascados en sus conflictos del pasado. Son una nación tolerante, abierta y verdaderamente moderna, capaz de aceptar su pasado, tal como es, y de mirar con audacia hacia el futuro.

Austria es un Estado centroeuropeo y, como tal, fue un lugar de muchos conflictos. Protegida por las montañas y por el caudaloso río Danubio, a menudo era inabordable, apartada e intacta por las fuerzas enemigas. Los otomanos tuvieron problemas para acercarse a Viena en los siglos XVI y XVII, y también los aliados durante la Segunda Guerra Mundial. Aunque la ciudad fue finalmente asaltada en 1944 y continuó siendo bombardeada cincuenta y dos veces más, de alguna manera consiguió conservar gran parte de su historia. Alrededor del 20% de Viena fue destruido, sobre todo edificios de viviendas y puntos estratégicos, como refinerías de petróleo e instalaciones de almacenamiento. Los monumentos históricos, como la catedral de San Esteban y el palacio de Schönbrunn, también resultaron dañados, pero fueron reparados con cariño y devueltos a su antigua gloria de los Habsburgo para que todos los visitantes de la ciudad pudieran verla en todo su esplendor.

Austria está compuesta por muchas etnias, y aunque este hecho solía ser un punto de conflicto, ahora es algo de lo que los austríacos están especialmente orgullosos. Sin embargo, eso no significa que la xenofobia no esté presente. Todavía perdura, sobre todo en los círculos políticos de los partidos de extrema derecha y conservadores. Pero hoy en día, estos partidos tienen un porcentaje muy bajo de seguidores y se presentan principalmente como oposición al gobierno democrático. La sociedad austriaca sigue siendo abierta y cosmopolita, además de tolerante y completamente occidental en sus valores. En 2019, Austria legalizó el matrimonio entre personas del mismo sexo, lo que sigue demostrando su intención de ser un Estado totalmente moderno y democrático. Austria es también el cuarto país más seguro para vivir, ya que tiene una tasa de criminalidad extremadamente baja. Además, no se ha cometido ningún atentado terrorista en su territorio. Sin embargo, la sociedad moderna ha demostrado que no se quedaría de brazos cruzados ante gobiernos corruptos y escandalosos, por lo que todavía se producen protestas sociales en las principales ciudades austriacas.

A pesar de ser un país con muchos conflictos, Austria ha sabido sobreponerse a su turbulento y rico pasado para convertirse en un país pacificador de Europa. El país ha mantenido su neutralidad militar desde el final de la Segunda Guerra Mundial y, con su política europea, es un faro moral del continente. Quizá por eso atrae a tanta gente, turistas e inmigrantes.

Austria es una nación compuesta por alemanes, eslavos, magiares, turcos, indios, marroquíes y muchos más. Desde los primeros tiempos medievales, sigue demostrando que una nación no tiene por qué limitarse a una base étnica. Una nación es un concepto que va más allá del lugar de origen. Es un sentimiento de pertenencia, aceptación y prosperidad. Puede que Austria no haya sido siempre está "isla de los bienaventurados", como la describió el papa Pablo VI en 1971, pero es algo que incluso los gobernantes ilustrados de los Habsburgo intentaron hacer. Y ciertamente se ha convertido en la "isla de los bienaventurados", aunque siga luchando con los problemas del mundo moderno.

Vea más libros escritos por
Captivating History

Referencias

Churchill, W. (2005). *La Segunda Guerra Mundial.* London: Penguin.

Herwig, H. H. (2014). *La Primera Guerra Mundial: Alemania y Austria-Hungría 1914-1918.* London, UK: Bloomsbury.

Judson, P. M. (2018). *El Imperio de los Habsburgo: Una nueva historia.* Cambridge, MA: The Belknap Press of Harvard University Press.

Kann, R. A., Király, B. K., y Fichtner, P. S. (1977). *El Imperio de los Habsburgo en la Primera Guerra Mundial: Ensayos sobre los aspectos intelectuales, militares, políticos y económicos del esfuerzo bélico de los Habsburgo.* Boulder: East European Quarterly.

Macartney, C. A. (2014). *El Imperio de los Habsburgo: 1790-1918.* London: Faber and Faber.

May, A. J. (1966). *El paso de la monarquía de los Habsburgo, 1914-1918.* Philadelphia: University of Pennsylvania Press.

Okey, R. (2002). *La monarquía de los Habsburgo: De la Ilustración al Eclipse.* New York, NY: Palgrave Macmillan.

Pelling, N. (1996). *El Imperio de los Habsburgo 1815 - 1918.* London: Hodder and Stoughton.

Rady, M. (2017). *El Imperio de los Habsburgo.* Oxford: Oxford University Press.

Taylor, A. J. (1996). *La monarquía de los Habsburgo, 1809-1918: Una historia del imperio austriaco y de Austria-Hungría. Lugar de publicación no identificado:* Penguin.

Tucker, S., y Roberts, P. M. (2005). *La Primera Guerra Mundial: Enciclopedia.* Santa Barbara, CA: ABC-CLIO.

Williamson, S. R. (2007). Austria-Hungría y los orígenes de la Primera Guerra Mundial. Houndmills: Macmillan.

www.ingramcontent.com/pod-product-compliance
Lightning Source LLC
LaVergne TN
LVHW011838060526
838200LV00053B/4080